Cojean

che

liberté

ゆるぎなき自由

女性弁護士ジゼル・アリミの生涯

ジゼル・アリミ
アニック・コジャン ［著］

井上たか子 ［訳］

keiso shobo

目次

凡例

一、本文中の（　）は、原文のまま。

一、本文中の〔　〕は、訳者による補足。長くなるものは左ページに傍注として記した。原著に注はなく、本書での注はすべて訳注である。

一、写真と図版は日本語版の刊行にあたって追加した。

クロードに、

わたしの旅の道連れ
闘いの同志
人生の伴侶
に捧げる

G・H

おまえの幸運を認めさせ、おまえの幸福を握りしめ、
そしておまえの危機へと向え。[1]

——ルネ・シャール

1 ルネ・シャール〔一九〇七—一九八八〕の詩集『早起きの人たち』〔一九五〇年、ガリマール社〕の中の「早起きの人たちの赤さ」の一節。cf. 吉本素子訳『ルネ・シャール全集』、青土社、二〇二〇年。

はじめに

アニック・コジャン

ジゼルは、一〇歳の時、ハンガーストライキを企てた。男の子と女の子の間の不平等に憤慨して、「不公平だ！」と叫んだのだ。九三歳のいまも少しも変わらず、女性の置かれている状況が、彼女が強く願ってきたような大きな革命を引き起こさなかったことに愕然として、抗議し続けている。そうした革命だけが、何千年も続いている破壊的な……そしてグロテスクな家父長制を消滅させることができるはずなのに。そうなのだ、この二一世紀の初頭においても、相変わらず、男性と女性は平等ではない。そうなのだ、世界の大多数の国において、女に生まれるのは不幸なことであり続けている。そしてジゼルにはそれが耐えられない。

だけど、彼女は闘った。激しい怒りと大胆さ、才能と勇気、有能さと頑固さ。彼女はいつも闘ってきた。正義／裁判[2]こそは自分の人生において最も重要な事柄だと確信し、まるで霊感を受けたかのように選びとった弁護士という職業が世界を変えることを助けてくれると信じて。というのも、「弁護士として弁論することによって世界を変えること！」、それこそが彼女の願望だったからだ。法律は彼女の道具だった。不服従は彼女のトレードマーク、そして雄弁に思いどおりに操る言葉が彼女の主たる同志だった。ジゼルは弁護し、告発し、そして体当たりしてきた。法律といえども不当で時代遅れであればそう裁き、法律を盾に取る軍事法廷、男性だけで構成された男性優位の司法制度、いつも女性に不利なタブーを告発してきた。反抗的で、ひたむきで、疲れをしらない。そして自由だ。頑として自由だ。

それこそがジゼル・アリミのなかで、わたしを惹きつけるものだ。彼女の信じられないほどの自由。決まり切った考えを嫌い、無理強いを拒否し、どんな型にもはまらない。すべてを疑問に付して、再検討する。彼女はどんな権威者も容赦しない。「慣例」だからと反論しようものなら、ピストルさえ抜きかねない。既成秩序こそが災いを及ぼしているというのに、どうしてそれに屈服するのか？　ある日、チュニスで、まだ弁護士研修生だった彼女は、裁判官の執務室に飛び込んで行き、こう言った。「裁判長。不正は、わたしには生理的に我慢できないのです」と。[3]この言葉がいかに嘘偽りのないものだったかを理解するためには、七〇年後のいまも、彼女が毎日、『ルモンド』紙を読んで、その記事を詳細に分析している姿を観察しさえすればよい。ページをめくるたびに憤慨して、怒りが遠のくことはない。「一体どういうことなの、アニック、なんとかしなきゃ！　あなたは弁護士じゃないけど、ジャーナリストでしょ！行動しなければ！」

わたしは微笑む……。シモーヌ・ド・ボーヴォワールも同じことを言ったに違いない。そしてシモーヌ・ヴェーユ[4]も、多分、これほど挑戦的ではないかもしれないけれど、やっぱり同じように憤慨しただろう。同じメッセージ。同じ自立。同じ廉潔さ。彼女たちにとって闘うことは義務、他の女性たちに手を差し伸べることは責任、主張の正しさを男性たちに納得してもらうことは必要不可欠なことなのだ。男性たちが太古の昔から受け継いできたさまざまな特権こそがわたしたちの社会を蝕《むしば》み、横領や暴力、不正、卑劣な言動を引き起こす害毒なのだということを、彼らに理解してもらうことは緊急を要することではないのか？　そして、一日も早

2　原語の la justice には「正義」と「裁判」の両方の意味が含まれている。

3　この案件では、法律に従えば、裁判長は、家賃を払えない子だくさんの一家に退去を命じなければならなかったが、ジゼルにはこの不正が許せなかった。cf. ジゼール・アリミ著、福井美津子訳『女性が自由を選ぶとき』、青山館、一九八三年、二〇頁。

4　Simone Veil. 人工妊娠中絶を合法化したヴェーユ法で知られる政治家〔本書、第五章を参照〕。哲学者の Simone Weil とは別人。

く、フェミニズム、この理想、このヒューマニズムによって、人々がもっと調和のとれたものであってほしいと願う世界の未来をつくるべきなのではないのか？

いわゆる「歴史」の本は女性たちの存在を見えないものにした。こうして、何世代ものあいだ、小学校の生徒たちは――とりわけ、女の子たちは――、人類が男性の偉人しか生まなかったと信じ込まされてきた。確かに女性の偉人はいなかった。わたしが小学生のころ、文明の歴史において女の子が果たすことができた役割について、受け持ちだった女の先生を質問攻めにした時、彼女はジャンヌ・ダルクの名前しかあげられなくて、「悲しいけど、でもそうなのよ」と言った。わたしは困惑した。「女性騎士」はひとりもいなかったの？「女性冒険家」はいなかったの？「女性征服者」、「女性反乱者」、「女性探検家」、「女性建築家」、「女性学者」はひとりもいなかったの？どうしてそんなことがありえたのかしら？

「歴史」がどんなフィルターを使って書かれたのか、何人もの素晴らしい女性たちが人類の進歩のために貢献したにもかかわらず、そのことに男性たちがいかに恩知らずだったか、いまでは誰もが知っている。否認は終わった。だから、わたしたちのヒロインを数えてみよう。世界をより良いものにするために世界の喧騒のなかに身を投じた女性たち、わたしたちに刺激を与えてくれる女性たちを数えてみよう。
ジゼル・アリミはそうした女性たちの一人だ。そうした資格は不当に得られるものではない。それは一つの道程、いくつもの闘い、一つのヴィジョンを想起させる。それは勇気と、社会全体を利する集団的利益に対する感覚を前提とする。そうなのだ、彼女は女性たちの主張をまるでロケットエンジンのような勢いで後押しした。彼女はフェミニズムの価値を非常に高めた。そして、絶対的な自由への彼女の探求はまるで命令のように執拗だ。

そこで、冬のある日、わたしは彼女のアパルトマンの扉をたたいた。ハンガーに掛けられた弁護士の法服、これまで何度となくあちこちの法廷で彼女がまとった——何百回も修理をし、繕われた——あの有名な法服を見たとき、わたしは彼女にもう一度発言してほしい、生涯にわたる社会参加《アンガージュマン》のいくつかの主要な場面に立ち戻ってほしいと思った。孫の世代の若い女性たち、時として捉えがたいけれども、男女間の支配関係を覆したいと強く願っている「MeToo世代」の女性たちに何らかのメッセージを伝えてほしいと思ったのだ。ご託宣のようなものではなく、そういうのは若い人たちに反感をいだかせるだろう。そうではなくて、先駆者として。わたしたち妹たちの姉のような感じで。

いまでは彼女の体は弱々しく、美しい顔立ちも痩せてほっそりしている。けれども、視線は往年の燃えるような輝きを保ち、声も、あれほど多くの法廷を感動させた絹のようにしなやかな力をとどめている。彼女は思い出をたどり、話してくれた。はつらつとして、惜しみなく。世界のあちこちで女性たちの怒りの種が増殖していることにとても満足し、「フェミニズム」という言葉がいままさに復活していることを喜び、女性たちが、抑圧されてきた者としての経験から活力を汲みとり、新しい展望をひらく能力を信じて。彼女の反抗心はいまも子どもの頃のままだ。

第1章　不当な仕打ちに傷ついて——反抗的な子ども時代

アニック・コジャン
「子ども時代が決定づける」と、ジャン＝ポール・サルトルは自伝『言葉』のなかで書いています。あなたの子ども時代はいったい何を決定づけたのでしょうか？

ジゼル・アリミ
すべて！　わたしの反抗心、正義への狂おしいほどの渇き、既成秩序に対する拒否、そしてもちろんフェミニズム。そうしたものすべての出発点は子ども時代にあります。女の子に生まれた不運を前にして、とても幼いころから感じていた怒りにあります。「悪いジェンダー」をあてがわれて、一瞬にして自由を奪われ、生き方を定められる、こんな運命のいたずらを何と名づければいいのでしょうか？

わたしが生まれたときの話を聞いたのは、まだ本当に幼いころだった。父は生まれたのが女の子だったことを聞いて絶望したそうだ。あまりにもがっかりしたので、わたしが生まれたことを三週間近く認めなかった。知らせを聞いて訪ねてきた友人たちに彼は「いや、フリトゥナはまだ産んでない」と断言した。「えっ、まだですって？」と驚く人もいた。でも父は、「いや、まだなんだよ。もうじき、もうじきだ」とがんばった。彼はこの災難——女の子孫をもつこと——を受け入れることができないでいたのだ。わたしより前にすでに男の子、長男がいたにもかかわらず。家族のあいだで何千回も繰り返されたこの話は、まるで弔いの鐘の音のように、「わたしが生まれたのは間違っていたのだ」と身体中に響き渡った。だけど、それは同時に、わたしを発奮させ、反抗へと呼びかけた。そう、反抗心はとても早くからわたしの中に芽生えていた。言うことを聞かなくて、乱暴な子ども。後にわたしが社会問題に立ち向かうようになったのは、そうしたことの直接的な結果だと言えます。不公平から受けた傷がわたしに信じがたいほどの力を与えた。必死だったのです。

すべてのことが、子ども時代に、わたしは男に比べて劣っている、まずはなによりも兄弟に比べて劣っているのだということを思い知らせた。わたしたちは女二人、男二人（弟は二歳の時に家の中の事故で、わたしの目の前でひどい火傷を負って死んだ）の四人きょうだいだった。そこでは、妹とわたしは非本質的な存在で、本質的な存在である男性たち、父や兄弟に仕えるのが当たり前だった。結婚したら、夫の権威のもとに、夫への服従に移行する。母はこうした男女の分割を守ることに名誉をかけていた――それも、とても熱心に。「わたしのお祖母さんも、わたしのお母さんも、そしてわたしもこうやって生きてきた。だからお前も同じようにしなさい！」と、母はよく言っていた。母は一五歳になる前に結婚して、一六歳で子どもを産んだので――当時のチュニジアでは普通だった――、自分が甘んじてきたことを娘たちにもそのまま受け継がせようとしていた。幼いころから抑圧され、存在を否定されてきたので、ごく自然に、今度は彼女が抑圧しようとしていたのだ。ものごとをそれまで通りに続けていくことは、ある種の平穏を約束してくれるし、ものごとを変えようとするよりは摩擦も少ない。だけど平穏はわたしの得意とするところではなかった。わたしが願っていることでもなかった。わたしはすぐに、あらかじめ輪郭の引かれた運命のように立ち現われたものから逃れなければという思いに取りつかれた。

5　ジゼルは、一九二七年七月二七日、当時はフランスの保護領だったチュニジアの首都チュニスに隣接する港町ラ・グーレットで、父エドゥアール・タイエブと母フリトゥナの二人めの子どもとして誕生した。なお、父は一九二四年に、前年末のチュニジア現地人帰化基準の大幅緩和によってフランス国籍を取得している。cf. 有田英也「民族史と現代史のはざまの回想⑵～ジゼル・アリミ『フリトゥナ』における再話について」、『ヨーロッパ文化研究』、成城大学大学院文学研究科、二〇〇六年、三〇頁。

女の子は、同じ家に住む男性たちのために家事をするのが当たり前だった。わたしは七歳か八歳のときから、床を拭いたり、皿洗いをしたり、兄弟のシーツや下着類を洗濯したり片づけたり、食卓で給仕したりしなければならなかった。わたしはそうしたことをばかげていると思った。どうして？　いったいどういう理由で？　反抗するより前に、途方にくれてしまった。この違いはなぜなの？　この違いには何の根拠も意味もなかった。「お前が女の子だからよ。そして彼らは男だからよ」と、母は言い張った。反抗は本能的だった。こんなひどい不公平を受け入れるなんて問題外だ。「死んだほうがまし！」。頬を平手打ちされたり、脅されたり、罰を与えられたりしました。激しく対立しました。地面に転げまわったりもしました。母は、わたしがこんなふうに女の子の条件を認めないのはどうかしていると思いました。いまも、絶望した母が自分のこめかみに指を立てて、父に「あなたの娘は頭がおかしいわ」と言っているのが目に見えるようです。それで、わたしは最終手段に出ました。ハンガーストライキをしたのです。これはかなり大変な手段です。父も母も慌てふためいて、数日後にとうとう降参しました。わたしはもう兄弟たちに奉仕はしない。「食卓での給仕も、部屋の掃除も、絶対にしない！」と、わたしは要求しました。考えてみれば、これがフェミニストとしてのわたしの最初の勝利でした。

けれど、不正はここにもあそこにもあった。特に、教育に対して両親が期待していたことが娘と息子ではとても違っていた。

　わたしは学校が好きだった。情熱的にと言えるくらい好きだった。一番居心地がよかったのは学校だった。わたしは模範的な生徒だった。でも、通学かばんを手に、「わたし一番になったのよ！」と叫びながら家に帰ったときも、母は、冷淡に、「手を洗って食卓の用意をしなさい」と言うだけだった。まったく無関心だった。兄のほうは、逆に、あらゆる注意の的でした。彼は、罰としての居残り、嘘、付点の〇点《れい》[6]、停学のあいだで行ったり来たりしていました。そのことで父は逆上して、大喧嘩になり、気がふれたように暴力をふるって、兄を殴り倒したりしました。わたしたちを貧しい境遇から救い出して、「名誉」をもたらしてくれるかもしれないという願いも含めて、家族の希望はすべてこの息子にかかっていたのです。両親は彼のためならどんな犠牲でもはらうつもりだった。あるときなど、母は、兄の補習授業の費用を払うために、先祖代々のベルベル[7]の宝石を手放したほどだった。一方、わたしに対しては、彼女は一銭たりとも投資する気持ちはなかった。わたしが中学に進学するかどうかさえ、学費が高いというので、問題になりかけたのです。母は、「正直なところ、それだけのお金があれば、お前の嫁入り道具が買えるのに」とため息をつきました。

6　〇の中に点（・）を付けた零点。他の科目の点数にかかわらず、試験は不合格になる。
7　北アフリカの山岳地帯や砂漠に古代から広く分布する民族。ジゼルの父方の祖先。

でもわたしはすでに調べてありました。一〇歳の時から、貧しい生徒たちを対象にした奨学金の試験があることを知っていたのです。わたしは一番で合格しました。だから、わたしには全然お金はかからなかった。教科書や参考書の費用もかかりませんでした。「子どもが多くて貧しい」家庭の生徒には貸出制度があったのです。けれど、両親はわたしがどうやって問題を切り抜けているのかにまったく無頓着だった。兄は二回落第して、わたしはすぐ彼と同学年になった。同じ教室で勉強することになったのです。兄がリセ[8]から退学処分になったのはその頃だと思います。両親はとても落胆して、わたしに対して苛立っていた。家族の名誉を体現するべき男性を女のわたしが追い抜いてしまったのです。「限度を超えている！」というわけです。わたしは、さっさと家庭教師の仕事を見つけました。大学の学費を払えるように貯金しておきたいと思ったのです。両親にとって、そうしたことはかえって困ったことでした。結婚させなければならない時期だったからです！

男の子のようにお転婆だったわたしにとって、思春期は生活に混乱をもたらしました。初めて月経のあった日、母はもったいぶった口調で、

「さて、これでもう終わりね」と言ったのです。

「何が終わりなの？」

「もうこれまでみたいに男の子と遊ぶことはできないよ。」

わたしはびっくりしました。男の子たちとサッカーをしたり、裸足で通りを走ったり、息が切れるほど泳いだりしていたのに、すべて止めなければならないのかしら？

「でも、どうして？」

「そういうものなの！」

またしても、なんという不公平！　どうしてこんな罰を受けなければならないの？　どうしたっていうの？　母はわたしに何も説明してはくれませんでした。ただそう指図しただけでした。

「お前はもう大人になったのよ、結婚できるんだよ。」母は月経と子どもができる可能性を結びつけはしませんでした。もちろん性関係について触れることもありませんでした。わたしは、もっと後になってから、本を読んで、独りで学ばなければなりませんでした。でも当時は、ただ驚いて、この毎月訪れる試練がもたらす沈黙と秘密と罪悪感の儀式に唖然としていたのです。生理用ナプキン[9]は、中庭の隅に隠してあるおまるの中に夜のあいだ浸けておいて、洗わなければ

8　フランスの国立の中等教育機関。当時のリセは日本の中学・高校に相当する。

9　いまのようなナプキンの代わりの、使い捨ての紙や布や脱脂綿を押さえるために使っていた丁字の月経帯のことを言っている。

ばなりませんでした。誰にも見つかってはならない、気づかれるようなことでもあれば何よりも恥ずかしいことでした。見つからないようにこっそり干すための場所と巧妙さが必要でした。でもいったいわたしたち女の子にどんな罪があるというの？　わたしは疑問にさいなまれました。

そんなわけで、わたしを結婚させるための攻勢はいっそう強くなりました。母は、三五歳の金持ちの石油商人に目をつけていました。わたしは一六歳でした。「彼は車を三台も持っているのよ」と何度も言っていました。「持参金なしに」と夢中になって繰り返すモリエールのアルパゴン〔喜劇『守銭奴』の主人公〕のようでした。たしかにその男も、「持参金なしに」わたしと結婚する覚悟ができていました。わたしにとっては、ほんとに、すごく有利な話でした。持参金の習慣は、婚約者の身分によって額に違いがあって、お金のない家庭を苦しめたからです。たとえば、医師と結婚するためには（高すぎて、わたしには論外でしたけど）、かなりの額のお金を支払ったうえで、「家財一式」、つまりスプーンからイニシャルを刺しゅうしたテーブルナプキンやシーツまで一切を整えなければならなかった。花婿の母親がやってきて、欠けているものがないか前もって点検したのです。わたしは父が、二人の妹、つまりラシェル叔母さんとマルセル叔母さんを結婚させるために持参金を払わなくてはならなくて、いろんな仕事を掛け持ちしてむちゃくちゃに働いていたのをおぼえている。夫を得るためにお金を払って、その男の持ち物になるですって？　そんなやり方に、わたしは同意できなかった。わたしは結婚したくなかった。勉強したかった。そして女性弁護士《アボカット》になること。弁護士《アボカ》ではなく、語尾に〔女性形の〕eがついた女性弁護士《アボカット》にね。このことはまた後で話しましょう。わたしは、物心がつく頃から感じていた不公平と闘うための女性弁護士《アボカット》になりたかったのです。

というのも、わたしたちは二つに分割された世界に住んでいて、そのことがわたしにははっきりと見えていました。一方には、抑圧し、そこから利益を引き出している人たちがいて、もう一方には、辱められ、虐げられた人たち、つまり被害者がいた。わたしは非常に早くからどちらの側につくか決めていた。もちろん被害者の側だ。でも間違えないで！　顔を上げ、対抗し、闘う被害者です。「こんなの不公平だ！」と、家でわたしはいつも言っていました。母は「生意気な子だ！」と怒り、父は「お前はそれしか言うことがないのか！」と苛立っていた。母はでも本当のことだった。公平ではなかった。人生は、世の中は、不公平だった。いまでもそれは変わらない。

わたしの母はユダヤ人で、シナゴーグ〔ユダヤ教会〕の司祭《ラビ》の娘だったので、自分の宗教の慣習を娘たちにも守らせようとして、聖書と迷信が入り混じったような教育をしました。それが、わたしが宗教の教えを決定的に拒絶するのを加速することになったのだと思います。女性を悪魔扱いして無益な存在に貶めるような祈り、「永遠不変の主たる神は讃《ほ》むべきかな、主はわたしを女となし給《たま》わざりしゆえ」という祈りで一日を始めることを信徒たちに強いるような神を受け入れることが、いったいどうしてわたしにできたでしょう。女性はといえば、「永遠不変の主たる神は讃《ほ》むべきかな、主はわたしを御心《みこころ》のままにつくり給《たま》いしゆえ」と、自らの否定に同意するしか選択の余地がないのです。本当のところ、わたしと永遠不変の神との関係は、非常に早くから対立を感じさせるものだった。女性には最低限の分け前しか与えられていないことが、わたしにはわかっていた。だいいち女性には祈ることさえ要求されておらず——それは男性の務めだった——、ただ罪を犯さないことが求められているだけだった。シナゴーグで、他の女性たちと一緒に、ただ黙って参観することだけが許されて、二階席から何となく不満な気持ちで、男性たちが、大人も子どもも、一階で直接神に語りかける特権をもっているのを眺めていたことを覚えています。[10] こうした差別は、わたしにつきまとっていた不公平だという気持ちを確かなものにして、主たる神に対する不満を抱かせたのです。主は、当然、男性でした。

ある日、わたしは神様を試してみようと決心しました。というのも、母は、神様がすべてを、わたしたちの成績も試験での成功もすべてをお決めになるのだと繰り返し言っていたからです。神の思し召しにかなうためには、門の上に留めてあるメズーザー（旧約聖書の「申命記」の数節が記された羊皮紙が収められているケース）に、出入りの度にきちんとお祈りのキスをしなければならなかったのですが、わたしは神様を怒らせる危険を冒してみることにしたのです。わたしはメズーザーの下を通るとき、頭を上げたままキスもしないで家を抜け出しました。とても大きな賭けでした。というのもそれはフランス語の作文の日だったからです。わたしはお腹の底から恐怖を感じながら、学校まで走って行きました。この神様はわたしを亡き者にすることもできると聞かされていたからです。神様がわたしを追いかけてきて、方眼のマス目の入った用紙の上に雷のように落ちてくるのではないかと思ったのです。それから、作文の課題を見て、嬉しくなりました。「あなたにとって特別な思い出のあるクリスマスについて書きなさい」というテーマでした。わたしはこれまで一度も体験したことのないクリスマスのことを書くことにしました。とても残念なことに我が家ではクリスマスのお祝いをしたことがなかったのです

10 ユダヤ教の戒律では、男性と女性はシナゴーグで同じ階に坐れない。しかし、後年、父エドゥアールの葬儀をニースのシナゴーグで行ったとき、ジゼルと妹のギャビはラビの指示に従わず、一階にとどまって動かなかった。cf. Gisèle Halimi, *Le lait de l'oranger*, Gallimard, 1988, p. 396.

が、本で読んだことや想像したことを通してわたしが夢見ていたクリスマスのことを書いたのです。フランスの小さな村のクリスマス――フランスに行ったこともないのに。子どもたちを喜ばせる、飾りつけをした大きなモミの木と雪のあるクリスマス――雪なんてみたこともないのに。ユダヤ教の信仰がわたしたちに禁じていたクリスマスを書いたのです。神様に嫌われて、メズーザーの報復を受けるのに十分なものでした……。

わたしは最悪の事態を覚悟していました。結果が発表される日、わたしは胸をどきどきさせながら成績が渡されるのを待っていました。ところが先生は微笑んで「一番、ジゼル。いつもどおり」と言いました。神様が負けたのです。もう神様に煩わされることはない、もう怖くはない。母がわたしたちに押しつけていた束縛も、もうおしまい。毎日わたしの生活に覆いかぶさって不安にしていたこの幻のような影が消え去った。わたしが試みたテストはわたしの疑問が正しかったことを証明した。わたしは自信を獲得した。そして初めての自由の分け前も。

教育を受けることで、さらなる分け前を、さらなる自由を獲得できるはずだった。わたしにはそれがすぐにわかった。わたしは学びたかった、もっともっと勉強したいと思った。邪魔されてはならない。だってわたしは救われるべきなのだ！　それはわたしの心の奥底に深く刻まれた確信だった。執着、と言ってもよい。だからわたしはよく勉強した。算数だけは例外だったけれど。わたしはフランス語の先生のマドモアゼル・ニコが文字通り大好きだった。彼女は作文を返しながら、「いつもどおり、一番はジゼルです」と満足げなため息をそっともらすのでした。

ある日、彼女が年長の、婚約者とおぼしき男性と腕を組んで歩いてくるのとすれ違った。あの時の狂わしいほどの悲しさをいまもおぼえている。先生は何も知らせてくれてなかった！「いきなりこんな目にあわすなんて、ありえない！」とわたしは思った。ニコ先生と会わなくなってからも、彼女はわたしの灯台でした。わたしにとって学校こそが解放の場になるだろうと確信していることを、彼女はすぐに見抜いてくれたのでした。彼女はわたしに本を読むように励ましてくれた。わたしの話を聞いてくれて、わたしを尊重してくれて、わたしには能力があること、それを失ってはならないことに気づかせてくれた。両親がしたこととはまったく反対のことをしてくれた。わたしはよく、もし彼女がいなかったらどうなっていただろうと考えます。でも、いずれにしてもわたしはきっと何かしていたでしょう。なぜならわたしのなかには、何と言えばいいかしら、危険な力、野生の力がひそんでいたからです。いずれにしても、結局は自分の道を行くしかないと決めていた。わたしの道は何よりもまず、この桁外れの知識欲へと向かっていた。わたしは読書に熱中した。それこそがわたしを養ってくれる本物の糧だった！　わたしは読む前に、そこに隠されている秘密をもぎ取る前に、長いあいだ本を眺めたり、なでたり、匂いをかいでみたりしたものだ。わたしには、本こそが、わたしがわたしであることを助けてくれるだろうとわかっていた。

家には一冊の本もなかった。小さい頃は、電話帳とかセールスマンが置いていった分厚い薬の説明書などで満足していた。もっと後になると、そこら中の図書館に登録して、借りてきた本を熱に浮かされたように夜を徹して読みふけった。こっそり隠れて。というのも両親が知ったら、許してくれなかったでしょうから。わたしたち子ども四人は同じ部屋で寝ていて、母はとても早い時間に明かりを消すように命じました。それでわたしは一ワットの豆電球を買ってきて、床《ゆか》すれすれのところのコンセントに差していました。とても弱い光だったので、母の寝室からは見えませんでした。わたしは床に腹ばいになって、思う存分読みました。たとえば、先生がモリエールの『守銭奴』の第三幕第二場を読むようにと言うと、わたしはモリエールを全部読んだ。『赤と黒』を薦められると、スタンダールを全部読んだ。フロベールやバルザック、ゾラも同じようにして読んだ。わたしはフランス文化に夢中になった。本が自信と力を与えてくれることに気づいたのは、この時でした。自分の未来に対する自信。女に生まれたこと、言い換えれば、二流の人間として扱われることによって押しつぶされそうになる重圧を跳ね返す力。

アニック・コジャン

うかがっていて、不正に対する反抗が、あなたの子ども時代を貫ぬく特徴だったことがわかりました。弁護士という職業については、どんなことを知っていたのですか。

ジゼル・アリミ

わたしの父は、走り使い《メッセンジャーボーイ》の書生から始めて、弁護士事務所の書記になりました。それで、父を職場に迎えに行ったりして、この世界に馴染みがあったのです。もちろん上流社会とのつきあいとか友人づきあいとかはなかったけれども。それと、わたしは、学校で生徒の誰かに対する不正を目にすると、正義感から抗議する癖があったので、よく、「自分を弁護士だとでも思ってるのか？」と問われるはめになった。それはまた、わたしが三面記事や政治的事件に過激な反応を示したときに、父が苛立って口にしたことでもありました。「お前は、全世界の弁護士にでもなったつもりなのか？」そういうわけではなかった。でも、弁護したかったのは確かです。不公平に対して闘うこと。あまりにも間違っていると思える社会を変えること。でも、どうやって？　わたしの考えはまだ漠然としていた。けれどそれは、わたし自身を救出することから始まった。

自分自身を救出すること、それにはまず経済的に自立することだった。人の恩義にすがって、お金をせびらなければならない境遇に女性を追いやっているこの不幸な運命から逃れること。わたしの母みたいな境遇。当時は、ほとんどの女性がそうだった。中学生くらいのとき、わたしは家族や親せきや友達にあるアンケートをしたことがあった。その結果は、三世代から四世代の女性たちの誰も自分で「稼いだ」ことがなかった。男性だけが働いて、家族の生活費を賄っていた。どうしてそうなのか考えてみる人はいなかった。そんなものだ、それが男だ。男性が采配を振り、決定し、養う。女性はお荷物だった。仕方のないことだった。だから、言うまでもなく、女性は支配されていた。そして子ども扱いをされていた。忘れることの出来ないシーンがある。母のフリトゥナは世帯の毎日の生活をやりくりするのにほんのわずかなお金しか使えなくて、父のエドゥアールに勘定を報告していた。母は毎晩、出費を几帳面にメモした紙片を父に渡さなければならなかった。父の機嫌によって、了承されたり、喧嘩になったりした。父が怒鳴るのが聞こえた。「お金が井戸から湧いてくるとでも思ってるのか。お前たちのために死ぬほど働いてるんだ。それがわからないのか！」父は、家族を「食わせている」男の権威を見せつけて、大げさにふるまった。フリトゥナは、打ちひしがれ、責められて、言い訳しようと試みた。「エドゥアール、子どもたちのために使ったのよ……」。女性が自分や家族の暮らしを立てることに無力だということにわたしは打ちのめされた。そういうときの、乱暴で支配者面をした父をわたしは嫌悪した。母を侮辱していたからだ。わたしの人生はこんな服従から遠ざけなければならない、絶対にお金をせびったりはしない、とわたしは誓った。

毎晩、わたしは、こうした怒りや疑問や当惑を小さな日記帳に書き記した。わたしは九歳か一〇歳の頃から日記をつけていた。それは最も信頼できる何でも打ち明けられる友人だった。父が、「いったいお前はどうしたいのだ？　自分の人生をひとりで決めようというのか？　皆のしないようなことをしたいのか？」と大声を上げるとき、わたしは黙っていた。だけど自分の部屋に入るとすぐに、「そうよ、そうよ、そうよ！」と記した。わたしにはまだ書くべき言葉が見つからなかった、はっきりとした見通しもまったくなかった。だけどわたしの未来はわたしのものであってほしかった。女性を第二の性に閉じ込めている暴力とは無縁のものであってほしかった。わたしは両親が勧めるような女性の生き方を拒否した。勉強して、仕事をして、男性のように行動するだろう。わたしはそれを断固として確信していた。母が侮辱されるのを目の当たりにした後は、何日も夜通し、日記に書き留めておいた言葉を、繰り返し自分に言い聞かせた。「誰の世話にもならずに生きなければならない。弁護士になったら、自活できるだけのお金を稼げるだろう。」それから、どうすれば世界中のすべての女性がフリトゥナ（フリトゥナというのは愛称で、本当の名前は、フランス語では幸運な女という意味のフォルチュネだった）のような目に遭わずにすむか、いくつもの方策を考えてみた。突拍子もないことだったけれど、わたしは世界を再編成してみた。夜が明けて、何も変わっていないことに、家族の誰一人それに心を痛めていないことに気づいて唖然としたのだった。

アニック・コジャン

一九四五年八月、あなたはパリへと飛び立つわけですね。バカロレア〔大学入学資格〕を携えて、自由に、ようやく自由になって、法律の勉強に取り組むために。あなたは同時に、哲学の授業にも出たのですね。ご両親は一八歳の娘の出発を引き止めなかったのですか。

ジゼル・アリミ

ああ、それは一大事でした！　母は怯えて、「若い娘が、たった一人で、フランスですって！」と叫びました。三ヵ月以上のあいだ、一瞬一瞬が闘いでした。だけど、まだ未成年だったとはいえ、もはや何も、誰も、わたしを止めることはできなかった。ただ、第二次世界大戦の終戦直後という状況がわたしの出発を複雑なものにしていました。というのも望む人は誰でもチュニジアを出られるというわけではなかったからです。当時チュニジアはフランスの保護領で、留学という理由だけでは総督府の許可を得るのに十分ではなかった。だけど、とうとうわたしは許可を手に入れて、両親を唖然とさせた。古いイギリス戦闘爆撃機を転用した貨物機の切符を入手したのです。わたしは幸せで有頂天になった。飛行機に乗るのは初めてだった。わたしは家族の元を去り、故郷を後にし、希望に満ちてフランスへと旅立った。わたしは自由に酔いしれた。不安？　全然なかった！　ほんの少しも。それはまさに「人生との勝負の始まり！」だった。

わたしは部屋と夜間のアルバイトを見つけ、法律と哲学の両方の授業に出た。わたしには、哲学かこの二つの分野はセットになっていると思えた。それに、偉大な人権派の弁護士はみな、哲学か文学も学んでいた時代だった。法律は、パンテオン〔パリ大学法学部〕の講義録を買って、勉強はとても簡単に理解できた。哲学のほうは、ソルボンヌ〔パリ大学文学部〕の教授たちの講義を聴きに熱心に通いました。弁護士になって、弱者や孤立した人たちの役に立ちたいという情熱をもっていなかったとしたら、哲学のほうを優先していたかもしれない。わたしはこの内心の誓約に取りつかれていて、ラコルデール神父〔一八〇二―一八六一〕の言葉、「弱者と強者のあいだでは、自由が抑圧し、法律こそが解放する」に強い衝撃を受けていた。弁護士になることはまさにわたしの使命だった。

一九四九年に法学の学士号と、哲学の学士号に必要な二つの資格習得証書、それに弁護士資格検定証ＣＡＰＡを取得して、わたしはチュニスに帰り、弁護士になる宣誓をした。宣誓式の日、父のエドゥアールは、孔雀のように気取って、裁判所の廊下を歩いた。社会的に上昇したいという彼の希望を長男が無残にも打ち砕いたので、いまやその希望を娘に転移せざるをえなくなっていたのだ。フリトゥナも、黒いウールのレース地のドレスにチュニジア風のアクセサリーをありったけつけて、着飾っていた。エドゥアールはコダックの小さい折り畳み式のカメラを持ってきていた。こうして、わたしは次のように宣言した。

「弁護人あるいは法律顧問として、法律、規則、公序良俗、国家の安全、及び、公共の安寧に反する一切の発言あるいは公表をしないことを、また、法廷及び公権力に払うべき敬意を決して疎かにしないことを誓います。」

何という文言だろう！　この宣誓文を見たとき、わたしはあまりにも腹が立ったので、弁護士会の会長や会員への義務的な「表敬」訪問の折に、自分の考えをぶちまけずにはいられなかった。わたしは絶対的な自由のもとに、自己検閲はもちろん、いかなる権威への恐れに屈することもなく、弁論することを望んでいた。それなのにこの文言はわたしを束縛しようとしていた。「法廷に払うべき敬意」とは何を意味しているのか。敬意は命令されるものなのか。敬意はそれにふさわしいものに向けられるのではないのか。「公序良俗」とは何なのか。南京錠のかかった規則？　永久に硬直化した規則？　それはむしろ逆に、相対的で、非常に不確実な概念ではないだろうか。そして、法律はといえば……あまりにも悪法が多い！　だめだ、この宣誓はわたしにはまったく納得がいかなかった。

わたしの異議に、若い同僚たちは明らかに苛立った。馬鹿げているとまでは言わないにしても、「ドン・キホーテみたい」だと思っているのがわかった。先輩たちは、面白がっているような口調で、「大丈夫ですよ、お嬢さん」と言った。宣誓式の日、弁護士会会長は保護者ぶって、「ジゼル、余計なことは言わないように。『誓います』だけですよ！」と注意した。それでわたしは、とても守れそうにないという恐れを抱きながら宣誓した。つまり、「留保つき」の宣誓だった。というのも、心の奥底で、「わたしの言葉――弁護し、説明し、立証するためのこの絶対的な武器――は、つねに完全な自由のもとに発せられるだろう」と決意していたからだ。いかなる制度／体制への不敬を冒しても。

その頃わたしは、研修生を対象にした弁論大会があることを耳にした。テーマは「生命を奪う権利」だった。出場者は持ち時間三〇分で、自分の見解を主張する。優勝すると「研修生のトップ」として、大手の弁護士事務所が即刻採用してくれるだろう。これまでこの大会に女性が参加したことはなかった。わたしは両親に、六人の出場者のうち、女性は自分だけだと自慢気に話した。父はすぐさま「すごい！」と喜んだ。

弁論大会はチュニス裁判所の一番大きな広間で行われた。弁護士会の重鎮や評議委員で構成された審判団は、判事席に座を占めていた。出場者たちは検察官の席に座った。判事席の前の低くなったところに、巨大な肘掛椅子が二脚、チュニス太守《ベイ》[11]とチュニジアにおけるフランス政府の公式代表である総督——当時、チュニジアはフランスの保護領だった——をお迎えするために置かれていた。恐ろしいほど荘厳な雰囲気だったが、わたしは落ち着いていた。順番がきて、弁護士会会長が「どうぞ始めてください」と言ったとき、わたしは聴衆席の最前列に陣取っていたエドゥアールと視線を交わした。彼が感動しているのが伝わってきた。わたしは、羽ばたき飛び立つような思いだった。「死刑にはもちろん反対です。」そう言って、わたしはアルベール・カミュやヴィクトール・ユーゴーを引用した。「安楽死や自殺の権利については賛成です。」わたしはストア学派の哲学者たちを引用した。法律書よりも哲学書からの影響を強く受けていて、ほとんど原稿を読まずに弁じた。その場に集まった人たちは注意深く耳を傾けていた。みんな、このフランス人のような発音の娘は何者だと思っていた。審議の結果を待っているあいだ、父は立ち上がって、周りの人たちに「わたしの娘です」と大声で叫び、それからわたしのほうにやってきて、抱きしめながら言った。「素晴らしかったよ、ジゼル！　素晴らしかった！　みんな言っているよ。まるでコメディ・フランセーズの女優のような話し方だって！」審判員たちが戻ってきた。わたしは満場一致で優勝した。そして翌日にはもう、チュニジアで最高の弁護士の一人が採用してくれました。わたしは幸せで、早く働きたくてうずうずした。ヴィクトール・ユーゴーの言葉を借りれば、まさに「心が固い意図で満ちている」者[12]だった。

11　一六世紀以降、チュニジアはオスマン帝国の支配下に入ったが、帝国から任命されたトルコ系のチュニス太守《ベイ》はしだいに土着化して地方政権としての自立を図った。一八八三年のラマルサ協約によってチュニジアはフランスの保護領になり、太守の地位と称号は維持されたが、内政・外交ともフランス政府が任命する総督が掌握していた。その後一九五六年三月の独立、翌五七年の共和制移行によって太守制は廃止された。

12　ヴィクトール・ユーゴー『懲罰詩集』〔*Les Chatiments*、一八五三〕の一節。

第2章　わたしの自由は人々の自由に役立つためにある

アニック・コジャン
　こうしてあなたはチュニスの弁護士会に登録したわけですね。最初は弁護士修習生として、それからすぐに独立した。二つに仕切った広い部屋の、一方に応接室とタイピスト、そしてもう一方があなたの仕事部屋。あなたは若くて、情熱的で、男性ばかりの法廷では女性は数少ない存在でした。あなたが弁護士席のほうに歩いていったとき、どんな視線が浴びせられたかおぼえていますか。

ジゼル・アリミ
　上から下までじろじろ見られました。敵意はないけれど、面白がっている様子でした。わたしは二二か二三歳、二四歳くらいでしたから、「若さの魅力だ」という感じで寛容に微笑みかけられました。そして、わたしが弁論を始めると、裁判官たちの眼差しはぼんやりした。そして彼らの考えも……。「この若い娘は、ここでいったい何ができるというのだ？　自分の年齢にも性別にも関係のない事柄について話したところで、いったい何になるのだ？」と彼らは考えていたのだ。そうした疑念にはうんざりさせられた。そして、それが彼らの注意力の低下を引き起こしていることに気づいたので、何年ものあいだ、わたしは自分が老けて見えるように、醜く見えるように工夫しました。まったく化粧はせず、お婆さんみたいな髪型で、服装も目立たない地味なものを着た……。何よりも、わたしが女性だということが訴訟の妨げになるようなことがあってはならなかった！　だから、わたしが女だということを忘れさせるために、彼らがわたしの言うことに耳を傾けるように、わたしの発言を真面目に受け取るように、出来る限りのことをした。言葉と論理の力によってのみ彼らの注意を引きつけることを願った。要するに、毎回、口頭弁論の冒頭で、裁判官たちの注意を引きつけるために、否応なく一〇分間待つ必要があったのです。わたしが女であるというだけで失った一〇分間だった。

悔しかった。だけど、最後には勝てるとわかっていた。彼らはわたしの能力の前に降伏するだろう。そのためには仕事をするしかなかった。わたしは猛烈に働いた。何日も徹夜することもあった。ある訴訟で、相手方の論告のなかに破棄院の判決が一つあるいは二つ引用されるときには、十の反証を探し出した。わたしは自分の主張を有利に進めるために、あらゆる学説上の注釈や判例を手元に用意した。少しでも疑わしい点や、相手方の見解に議論の余地がある点がないか検討した。そしてそれを弁論のなかで徹底的に展開した。わたしが話すにつれて、裁判官の態度が変化するのがわかった。初めはわたしがその場にいること自体に驚いていた人たち――そのうちの一人は「あなたの法服は、まるで聖体拝領の子どもみたいだね」と大声で言った――が、いまや、男性の弁護士に対するのと同じように、わたしの言葉に耳を傾けていた。彼らは、女性も法律家になれるということを発見したのだった！ とはいえ、彼らにとって、客観的かつ厳正なる法律は男性の問題だった。女性弁護士に出来るのは、せいぜい感動させ、魅惑することだった。ところがわたしは、そうではないことを証明したのだ。

もちろん、相手側は、わたしが女性だということをしばしば利用した。わたしが勝訴したとき、男性の弁護士が自分の顧客にこう言うのが聞こえた。「どうしろっていうんですか。彼女は若くて、チャーミングだ。こうした魅力に、われわれ哀れな男性は立ち向かう術がないですからね。」ところが、彼らが勝ったときにはこう言うのだ。「所詮女性だよ。こうした判例解釈が彼女に理解できるわけがない。彼女の手には負えませんよ。」それが閉廷後の場合は、わたしは何も言わなかった。しかし、公判中は、どんなことも見過ごさなかった。ある日わたしは、最近の判決から見つけた「急所を突く」論拠によって、相手側弁護士を不意打ちしたことがあった。驚いて気分を害された彼は、わたしのほうに向きなおって言いかけた。「わたしが申したかったのは、この若くして、魅力的な……」彼は最後まで言い終えることはできなかった。わたしが感情を爆発させたからだ。「わたしたちは同じ肩書をもつ弁護士です。わたしたちは同じ法律について話し、同じ案件を扱っているのです。わたしたちは同じ権利と義務をもっています。それなのに『若くて魅力的な同僚』といった論法を用いるのは、卑劣としか言いようがありません！　それは、ご自身の無能力、論証の不真面目さを白状するようなものです！」法廷には氷のように冷たい空気が流れた。裁判官たちには何がどうしたのかまったく理解できなかった。それどころか、彼らから見ると、この男性弁護士は女性に対して優しくて礼儀正しいと思えたからだった。

だけど、わたしには、こうした甘い言葉には軽蔑と偽善が含まれていることがわかっていた。そこには家父長的温情主義と性差別主義が巧みに隠されていた。わたしはほんのわずかな不手際も見過ごしたくなかった。男性たちが用いる言葉、そして、女性たちが決して聞き流してはならない言葉がある。言葉は無害ではない。言葉は、イデオロギー、ものの見方、精神状態を表す。ある言葉を聞き流すことは、それを黙認することだ。そして、黙認から共犯まではたった一歩だ。こうして、同僚たちはついに理解した。しかし、そのためにわたしは何と苦労したことか。つねに細心の注意を払っていなければならなかった。何年ものあいだ、裁判の度ごとに、わたしは二重に闘わねばならないことがわかっていた。まずは、わたしが女性であるがゆえに。それから次に、弁護士として闘わねばならなかったのだ。

アニック・コジャン　やがて、チュニジアの独立戦争、続いてアルジェリアの独立戦争があなた個人の歴史にも弁護士としての生活にも侵入してきたのですね。弁護士生活を始めたばかりの若い女性にとって、弁論することは即、「社会参加《アンガージュマン》すること」を意味していたのでしょうか。

ジゼル・アリミ　ええ。わたしは全力で社会参加《アンガージュマン》しました。わたしは、被告とのあいだに「距離」を保たなければならないという神聖不可侵の規則を受け入れることができなかった。弁護士には「主義主張」をもつことは禁じられているという考え方も受け入れられなかった。実際に、わたしは弁護士としての役割だけで満足していることはできなかった。社会参加し、歴史の証人でありたい、権利と自由のための闘士でありたいと欲していた。独立のための闘争はわたしを直撃し、わたしは熱心に参加した。わたしはためらうことなく、まず、祖国チュニジアの独立のための闘争を支援した。預言者ブルギーバ[13]が率いるネオ・デストゥール党が最前線で戦っていた。彼らは、灌木地帯ではゲリラ戦を組織し、都市部ではテロに身を投じていた。弾圧の開始までに時間はかからなかった。軍事法廷が設置され、特例法がつくられ、拷問が行われ、いい加減な即決裁判が行われ、有罪判決がくだされた。独立のために闘う人たちが何百人も召喚されて、裁判所は込み合っていた。見せかけだけの裁判にしても、ともかく弁護士が必要だった。ほとんどの弁護士が国選弁護士として委任されていた。わたしが弁護士として闘い始めたのは、こうした状況下だった。わたしは全力を投入した。

一九五三年にはチュニスで、モクニヌ[14]裁判という名で知られる、非常に重要な政治裁判が行われた。五七名のチュニジア人が、独立のためのデモに続いた暴動のなかで起きた、憲兵〔警察権を有し治安任務に当たる〕の殺戮に加担した容疑で告訴された。植民地裁判は、断固たる措置を取り、見せしめにすることを望んだ。種々の有罪判決が下された。強制労働、無期懲役、そして、三人に死刑の判決。そのうちの一人はわたしの担当だった。それで、一九五四年一月に、わたしは大統領の恩赦を願うためにパリに出向いた。わたしにとって初めての経験だった。政治犯に対する死刑判決への恩赦を申し立てるのが女性の弁護士だというのは前例がなかった。

本当に、それはものすごく印象的なことだった。何とも言いようのない不安！「お前は一人のまだ生きている男性にとっての最後のチャンス、最後の声、最後の言葉なのだ」と、わたしは自分に言い聞かせた。彼にとって、生きるための最後の戦いなのだ。すべての責任がわたしの肩にかかっていた。わたしは自分がこれからしなければならない弁論に全神経を集中していた。そのとき、別の弁護士の妻がわたしに忠告した。

「あなた、帽子をかぶっていかなければ駄目よ。」

「何ですって？　わたし、これまで帽子をかぶったことなどないわ！」

「大統領に対する礼儀よ。帽子をかぶってなければ、エリゼ宮〔一八七三年から大統領官邸として使用されている〕に入れてもらえないわ。」

わたしは非常に不満だったけれど、仕方なく帽子を貸してもらって、官邸に出向いた。小さなタンブリン型の黒い帽子だった。守衛がわたしを中に入れ、しばらく待たされた。待っている間に、大広間の鏡に映った自分を見て、グロテスクだと思った。一人の男の命が賭けられて

13　ハビーブ・ベン・アリー・ブルギーバ〔一九〇三―二〇〇〇〕。チュニジア共和国初代大統領。西欧化を目指し、離婚の合法化、一夫多妻制の非合法化、女性の結婚可能年齢を一七歳に引き上げるなど、女性の地位向上にもっとめた。
14　チュニスの東南約百キロメートルのところにある町の名前。

いて、恩赦を得るために変な扮装をしろというのか？　嫌だ。こんなこっけいな姿では、思うように話せないだろう。守衛が大統領の執務室のドアを開いた瞬間、わたしは急いでこの変てこな被り物を取って、守衛に渡した。「クロークに預けておいてください。」

ルネ・コティ大統領は、少し前に、共和国大統領の座についたばかりだった。彼は愛想よく「ご機嫌いかがですか？」と尋ねた。わたしにはそれが何か奇異な感じがした。少しそっけなく「はい、大統領」と答えると、彼は「笑顔を拝見したいものですね」と続けた。それは、とても場違いだった。「お願いをお聞き入れくだされば、笑顔になれると思います」と返すと、「それはどうだろう！　ご存知の通り、わたしの一存で決めるものではありません」と彼は言った。

わたしは依頼人のチュニジア人の件について話し始めた。すると、突然、大統領は立ち上がり、室内を行ったり来たりし始めた。「続けてください。薬を飲むための水を探しているだけです」と彼は言った。わたしは啞然としたけれど、役に立ちたいと思った。係官を呼ぶためのベルがどこかにあるはずだった！　大統領は、呼び鈴の引き紐を探して、指で不器用に壁をたどっていた。一人の男の命がかかっているこの最終局面に、大統領は自分の薬のことしか考えていないのだった！　「悪く思わないでください。ここに来て、まだ日が浅いものでね」と彼は言った。現実離れした光景《シュールレアリスト》だった。しかし、最もひどかったのは、彼がこの案件にまったく通じてないことに気づいたことだった。

結局、わたしの依頼人は恩赦を受けた。わたしは、父親のような態度で接するこの大統領に少し慣れて、その後も何度か、依頼人の命がかかわるたびに彼を訪れることになった。一九五八年の春、わたしは自分の記録を更新した。同じ日に、三度、別々の死刑囚の恩赦を嘆願したのです。午前中に二件、午後に一件。息が苦しくなるほど緊張しました。どんな弁護士でも無傷でこのような任務をやりおおせるものではない。午後の会見の際、それまで全体として静かに聴いていた大統領が、いきなり興奮して、事実関係について反論した。数分のあいだ、わたしはあれこれ考えを巡らせた。しかし、記憶の中にそのような事実は浮かんでこなかった。何のことだかわからなかった。そのとき、突然ひらめいた。大統領は別の死刑囚と混同しているのだ！　と。老齢の大統領の不注意、あるいは疲労のせいで、別の人間と間違えてギロチンにかけられることもありうるのだ。「わたしたちは同じ事件について話してないようです。あなたがおっしゃっているのは、今朝の案件です」とわたしは言った。彼は笑った。

コティの後に大統領になったド・ゴール将軍は、まったく違っていた。一九五九年五月一二日の午後、アルジェリアのエル・アリア事件の裁判で死刑宣告を受けたうちの二人の恩赦を願うために、わたしは彼に会いに行った。エル・アリアは小さな村の名前で、そこで〔一九五五年八月に〕アルジェリア人が暴動を起こして約三〇人のヨーロッパ人を殺害したのだ。この事件は大きな反響を呼び、これまでになく厳しい弾圧が行われた。次々に裁判が開かれて、正義を捻じ曲げるための大規模な拷問が明らかになった。フランス政府は確実に、模範的な判決を下すことを望んでいた。わたしはフォーブール・サントノレのカフェで、同僚で気心の知れた相棒のレオ・マタラッソと待ち合わせていたが、緊張して神経質になり、ストレートのウィスキーを注文した。こんな風にウィスキーを飲んだのは後にも先にもそのときだけだ。それからわたしたちはエリゼ宮に行った。将軍が突然目の前に現れたとき、彼はまるで巨人のように思えた。彼はわたしをじろじろ眺めながら、手を差し出して、ごつごつした耳障りな声で「ボンジュール、マダム」と言った。それから少し間をとって、「マダム、それともマドモアゼル?」わたしはそういう言い方が嫌いだった。このときはいつもにまして嫌だった。わたしのプライベートは彼に関係がなかった。[15] わたしは彼をまっすぐに見て、「先生《メートル》とお呼びください、大統領閣下」と答えた。彼はわたしが気を悪くしたのを感じ取り、わざと丁寧に「どうぞお入りください、先生。どうぞお掛けください、先生。どうぞお話しください、先生」と言った。そこで同僚とわたしはこちらの論拠を示した。自白のないこと、証拠物件がないこと、依頼人を追い詰めるに足る決定的な証言がないことを主張した。しかし、ド・ゴールは質問を始めた。彼はあらかじめ非常に詳細に資料を検討してあった。やりにくかったのは、わたしが説明しているときに彼がわたしを見ないことだった。わたしはいつも、自分が説得しようとしている相手と視線を合わせている必要があった。法廷でそうするように、対話の相手を虜《とりこ》にして、耳を傾けさせるために注意を引きつけておく必要があったのだ。ド・ゴールは適切な質問をした。それは彼がすべての調書に目を通したことを示していた。最後に彼は言った。「よくわかりました。ご苦労様でした。」それだけだった。部屋を出るとき、当時文化大臣だったアンドレ・マルローとすれ違った。わたしは大統領秘書官に、決定がわかり次第、電話してほしいと依頼したが、断られた。非常に微妙な案件であり、わたしがマスコミを扇動するのではないかと恐れたのだ。わたしは、絶対に秘密を守ると誓った。「お願いします。そうじゃないと、眠れません。」そして二日後、朝の八時に電話が鳴り、二人の被告の恩赦を知らされた。

15　この時は、一九四九年に結婚していたポール・アリミ〔フランス農業省の上級職事務官〕との離婚訴訟中で、大統領はそれを知っていて、マドモアゼル〔未婚の娘〕でもマダム〔結婚している女性〕でもないことをにおわせたのだと、ジゼルは感じた。cf. *Le lait de l'oranger, op. cit.*, p. 174. ちなみにフランスでは、「離婚制度の改正に関する一九七五年七月一一日の法律」によって、ようやく従来の有責離婚の他に、相互の同意による離婚と共同生活の破綻による離婚が導入された。

二つの命！　二つの命が救われた！　おわかりになりますか？　そしてそれは、アンシャンレジームからの遺産である国王大権《レガリア》を授かった大統領の恩恵にかかっていたのです。大統領は一切、説明しませんでした。それは君主のご意向次第だったのです……。残念ながら、大統領がいつもわたしの説明を受け入れて、要求が聞き入れられたわけではない。恩赦されなかった者たちは、アルジェのバルブルース刑務所の中庭でギロチンにかけられた。依頼人たちに面会に行くとき、死刑台を目にすると、世界で最も文明化された国の一つとして名高いフランスにまだこんな残虐な制度が存在していることに怒りでひきつりました。[16]

それから約二〇年後の、もう一つの死刑についても忘れることができない。それは戦時ではなかった。わたしの依頼人でもなかった。けれど、八歳の少女を誘拐して殺害した罪で死刑判決を受けた少年、クリスチャン・ラニュシの弁護人だったポール・ロンバールが、その瞬間の恐ろしさを、わたしに間近に立ち会わせたのだ。ポールとわたしは互いによく知った間柄で、ジスカールデスタン大統領に恩赦を願いに行った後で、不安な気持ちをわたしに伝えてきた。それでわたしは彼を安心させようと試みていた。だけど、とうとう、一九七六年七月二八日の午前一時ごろ、彼から電話がかかってきた。「いま、恩赦が拒否されたことを知ったんだ。ラニュシは死刑になる。ボーメット〔マルセイユにあった刑務所〕に四時一五分前に行かなければならない。」そう言って、彼は声を詰まらせた。「彼らが死刑にしようとしているのはまだ子どもなんだ。ほんの子どもなんだ。文書にたった一つでも矛盾が見つかっていれば、死刑を阻止できたのに！」わたしはショックを受けた。彼に睡眠薬を飲むように助言した。彼は、電話を切らないでくれと言った。「死刑になる子どもに向かって、なんて言えばいいんだ？」わたしにもわからなかった。二つに切断されようとしている人間を落ち着かせることのできる言葉なんてない。恐怖を追い払える言葉なんてない。「ともかく彼に話しかけること。言葉で彼の気持ちを鎮めてあげて。それから手を握ってあげて。これは大切なことだわ。それから抱きしめてあげて」とわたしは言った。

アルジェリア戦争の間〔一九五四年―一九六二年〕に起きたことは常軌を逸していた。わたしは社会参加《アンガージュマン》を拒むことはできなかった。なぜなら、第一に、この戦争では民族の自由が問題になっていたからだ。わたしにとって、それ以上に敏感なテーマはなかった。自由、それはわたしの理想だった。何もわたしを止めることはできなかった。わたしはそのように生まれついていたのだ。自由のために働くことは、英雄的精神といったものではなく、論理的一貫性によるものだった。わたしの自由は、もしそれが他の人たちの自由のために役立つものでなければ、

16　フランスが死刑制度を廃止したのは一九八一年、フランソワ・ミッテラン大統領の下においてである。

意味がなかった。第二に、一九五六年〔三月〕に国民議会で可決された〔緊急事態法による〕非常大権は、法を脅かすものだった。司法――それがわたしの仕事だった――は、もはや見せかけだけのもので、戦争の論理に仕えていた。軍人も司法官も一致団結して、フランスによる抑圧的秩序を立て直すために働いていた。軍人は殺害し、裁判官は有罪判決を下した。わたしはフランス軍による権力の乱用を目の当たりにして啞然とした。組織的な拷問、逮捕した女性闘士に対する強姦、自白の強要に基づく断罪、他にも、行方不明、簡易執行などが頻発していた。どうすればよいのだろうか？　弁護することに意味はあるのだろうか。それは単にアリバイとして利用され、法廷茶番劇に手を貸すだけではないのか。けれどわたしはどうしても自分の弁護士としての役割を信じたかった。一九五六年から一九六二年のエビアン協定によるアルジェリア独立まで、わたしは弁護のために何度もパリとアルジェを往復した。[17]〔一九五九年に〕離婚して、二人の息子とパリに住んでいたので、彼らをパリに残して行かなければならなかった。息子たちの父である元夫はチュニジアに残っていた。〔自由の敵に対して〕抵抗すること。絶対的な悪に対して抵抗しなければならなかった。わたしは以前にも増して、自分の仕事に執着した。

あらゆることが弁護士たちの任務を複雑にしていた。言い換えれば、妨害していた。多くのアルジェリア人弁護士たちが葬り去られていた。逮捕され、収容所に拘束され、自殺に見せかけて殺されていた。わたしたち、フランス人弁護士たちも、アルジェに着くとまたすぐに飛行機に乗せられて送り返されることがあったし、軍事法廷で弁護しなければならないときに、公判の数時間前になって、二人の警察官に飛行場まで連れ戻されることもあった。フェラガ〔独立戦争時にアルジェリアの一般民衆によって組織された非正規軍《パルチザン》〕の弁護をする女性弁護士は非常に少なくて、わたしはその一人だった。それで、アルジェリアにおけるフランスの威信を守ろうとする人たちや軍人たちからは「フランスに対する裏切り者」と見なされていた。言うまでもないが、女性の裏切り者は、同じ裏切り者でも男性の裏切り者よりずっと悪いと見なされていた。裁判所に着くと、唾を吐かれ、罵声や悪口雑言を浴びせられ、ぶたれることもあった。夜中に電話が鳴り、「〔弁護士なんかやめて〕子どもの世話をしてればいいんだ、あばずれ女め！」とか「アラブ人の娼婦めが、郵便飛行機[18]にでも乗って、とっとと消え失せろ。さもなきゃ、死体になって運ばれることになるぞ！」と言われたり、アパルトマンにプラスティック爆弾を仕掛けると脅されたり、郵便小包で小さな棺桶が送られてきたこともあった。そういった

17　注49を参照。
18　毎日、夜中にアルジェを出て、明け方パリのオルリーに着くプロペラ機（ブレゲー　デュポン）の郵便飛行機が運航されていた。cf. *Le lait de l'oranger, op. cit.*, p. 200.

ことは怖がらせるためのジェスチャーだと、わたしはずっと思っていた。けれど、とうとう、親しくしていた二人の同僚がアルジェで暗殺された（一人はナイフで刺され、一人は銃で撃たれた）。そして一九六一年には、わたしにもＯＡＳ（アルジェリアの独立を阻止するための秘密軍事組織）のレターヘッドの付いた死刑宣告書が届いた。すべての兵士に対して、わたしを見つけ次第、「即刻」、「どこででも」殺せという命令が下されたのだ。でも、怖いと思ったことはなかった。信念がわたしを支えていた。いつも自分のバラカ〔アラビア語で幸運の意味〕を信じていた。でも、白状すると、アルジェ郊外にあったカジノ・ド・ラ・コルニッシュ〔パラシュート部隊によって拷問センターに転用されていた〕で過ごした一夜だけは例外だった。パラシュート部隊の兵士たちに捕らえられて、そこの一人部屋に放り込まれたのです。刑の執行を待つあいだ、三歳と六歳の幼い息子たちを残して逝く罪悪感に苦しみながら、彼らのことを考えていた[19]。

拷問の主唱者で、アルジェリアでの略奪と暴虐行為を命じていたのはマシュー将軍[20]だった。わたしは、一九五七年の秋のある日、アルジェの戦い[21]の真っ最中に、彼の司令部に行ったことがあった。事前の約束はしていなかった。わたしはものすごい怒りに囚われていた。というのも、バルブルース刑務所で依頼人の一人と面会するために待っていたのだけれど、彼は現れなかったのだ。彼の姿は独房から消えていた。兵士たちによって新たな拷問のために連れ去られたのです。考えられないことだった。前日、彼に会ったとき、わたしは彼が歩行困難なことに気づいていた。彼の顔は腫れあがり、腕も動かなかった。彼は、「先生《メートル》、痛めつけられました」と言葉少なに言った。わたしは、「ともかく、あなたは生きてここにいるわ……」と言った。そうだ、このゲリラ隊員が耐え抜いた拷問の悪夢は終わったかのように思えた。それでわたしは、「審判のためにしっかり準備をしましょう」と言って、彼を安心させたのだった。ところが、この面会のまさに翌日に覆面頭巾をかぶった男たちに彼が再び尋問のために連れ去ら

19 一九五八年五月一五日、飛行機の便が取れなかったジゼルと同僚のピエール・ブローンは、アルジェからマルセイユに向かう船に乗船していた。ところが出航間際に彼らは逮捕され、カジノ・ド・ラ・コルニッシュに勾留される。この時ジゼルは死を覚悟したが、五月二〇日、彼らはアルジェから西に三〇キロメートル離れた海辺のホテルに移動させられる。六月六日、二人はもう一人の弁護士とともに解放されて、飛行機でオルリーまで移送された。この間、パリ弁護士会会長が彼らの解放をド・ゴール将軍に交渉したらしい。cf. *Le lait de l'oranger, ibid.*, pp. 249–266. ちなみに、ド・ゴールは六月一日に正式に首相に就任し、六月四日にはアルジェのアルジェリア総督府のバルコニーから「私は諸君を理解した！」で有名な演説をした。

20 ジャック・エミール・マシュー〔一九〇八―二〇〇二〕。アルジェリア派遣軍のなかで最も獰猛だと言われていた第十空挺師団長で、一九五七年一月から一九六〇年一月までアルジェ治安軍の全権を与えられていた。

21 一九五七年一月から九月にかけて、FLN〔アルジェリア民族解放戦線〕と市民がフランス軍に抵抗し、市街地でのテロなどゲリラ戦を展開した。ちなみに、一九六六年のジッロ・ポンテコルヴォ監督の映画『アルジェの戦い』は、こうした植民地支配者の暴力が対抗暴力を生むという状況をドキュメンタリータッチで描いている。

れたことを知って、わたしは激怒した。どんなことをしてでも、彼をこの虐殺者どもから奪い返さなければならない。わたしはパラシュート部隊に守られたマシューの居所を探し当てた。そしてそこに出向いた。意外なことに、彼はわたしを迎え入れた。骨ばった顔に、手入れされた口髭。彼はわたしの怒濤のような抗議に耳を傾けた。わたしは誘拐と不法監禁で訴えると脅した。すると突如、彼は拷問を擁護する弁論を始めた。「子どもたちの乗ったバスがFLN〔アルジェリア民族解放戦線〕によって爆破され、身体がばらばらにされるのを受け入れられるのですか？　一家の母であるあなたが、そんなことを受け入れられるのですか？」「無実の者を殺すこうしたテロ行為を止めさせるためには情報が必要なんだ」と、彼はなおも続けた。「そして、拷問は役に立つ。本当だよ。」彼がわたしに対して、そうした下劣な宣伝工作を試みるなんて信じられなかった。わたしはうんざりして、議論する気にもなれなかった。拷問は、拷問の犠牲者だけでなく執行人の人間性も同じように失わせる。議論の余地がない。わたしは激しい憂鬱に襲われて、彼の執務室を後にした。わたしたちは強姦については話さなかった。話したとしても、彼は否定していただろう。話題にすることさえタブーだった。しかし、強姦が言語道断な行為であることに変わりはない。

第3章　強姦、それは日常のファシズムだ

アニック・コジャン

ジャミラ・ブーパシャの事件[22]はまさにそうした沈黙のタブーを打ち破り、強姦による拷問を告発する機会でしたね。アルジェリア独立派のこの若い女性闘士の弁護を引き受けたとき、それがアルジェリア戦争の最も象徴的な事件の一つになるかもしれないことがわかっていましたか。

ジゼル・アリミ

いいえ、全然。でも、ジャミラ・ブーパシャはわたしが弁護したいと願っていたことのすべ

22　詳しくは、Simone de Beauvoir et Gisèle Alimi, *Djamila Boupacha*, Gallimard, 1962（手塚伸一訳『ジャミラよ朝は近い』、集英社、一九六三年）を参照されたい。

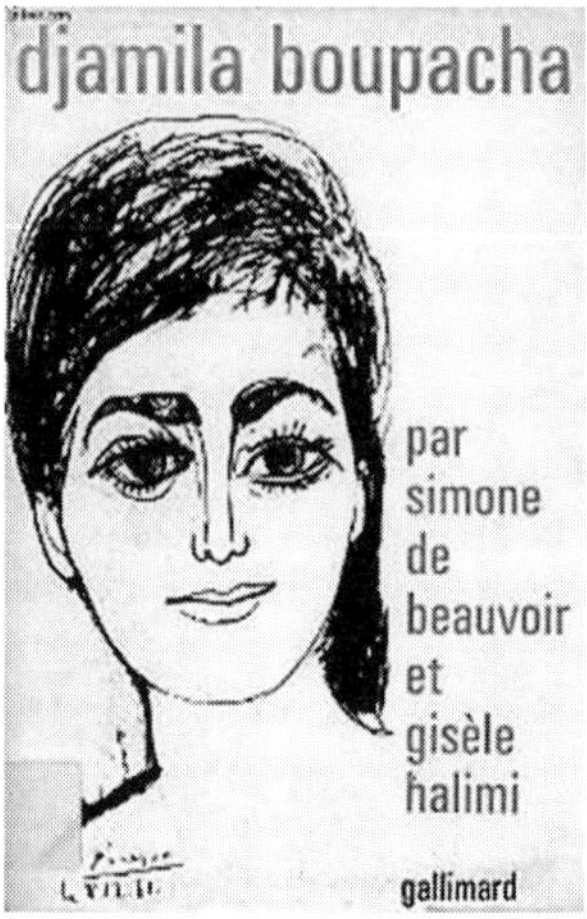

ピカソが描いたジャミラの肖像画、『ジャミラ・ブーパシャ』（ガリマール社、1962 年）の表紙。

てを象徴していました。この事件は、言ってみれば、わたしにとって重要だったさまざまな闘いを完全に凝縮するものでした。拷問に対する闘争、強姦の告発、民族の独立と自己決定権への支援、自国の未来のための政治活動に身を投じている女性たちとの連帯、ある種の正義の概念の擁護、そしてもちろんわたしにとってのフェミニズム、そういったものすべてを凝縮していたのです。すべてがそろっていた！　典型的なケースでした。

〔一九六〇年五月に〕アルジェのバルブルース刑務所で初めて彼女に面会したとき、彼女は足をひきずっていた。肋骨が折れて、胸や太ももに煙草で火傷をした跡があった。三三日間ものあいだ、ひどい拷問にかけられ、ビール瓶を使って強姦されて、この二二歳の熱心なイスラム教徒の娘の純潔は失われていた。それは彼女が命にもまして執着していたものだった。ジャミラは、自分がＦＬＮの連絡員で、一九五九年九月二七日にアルジェのカフェに爆薬を仕掛けた――もっとも、〔店員の通報が間に合って、〕雷管が抜かれたので、爆発はまぬがれ、被害はなく犠牲者も出なかった――という起訴事実を認めていた。それなのになぜそれほど執拗に彼女を責め立てたのか。マシューは彼女にしゃべらせたかったのだ。彼女が闘士たちの地下組織について明かし、「兄弟」たちを密告することを望んだのだ。だが、彼女はそうしなかった。だから、この死刑になる恐れのある娘を急いで救い出さなければならなかった。彼女が受けた虐待を告発し、拷問の執行人たちが罰されるように訴えなければならなかった。世界中の人々の目に、フランスという国が犯している恥ずべき行為を示すシンボルにしなければならなかった。

アルジェでは、ジャミラの正規の弁護を妨害し、事件をもみ消すためにあらゆることがなされていた。しかし、わたしは全力を傾けた。彼女のことが強迫観念のようにわたしに取りついた。パリに戻るとすぐに――アルジェ滞在許可はぎりぎり最低限の日数に限られていて、時にはあろうことか公判の前日にアルジェリアを発つことが要求されていた――、わたしは世論を喚起するためにあらゆる手を尽くした。ド・ゴール大統領やマルロー文化相、ミシュレ司法相に手紙を書いて、「パリは知らなかったことだ……。それはアルジェのことだ」と言わせないようにした。『エクスプレス』誌で幅を利かせていたフランソワ・モーリャックや、『ルモンド』紙の社主ユベール・ブーヴ＝メリーにも知らせた。ブーヴ＝メリーは、長時間面会してくれて、全容を知りたがった。人権擁護委員会の委員長ダニエル・メイヤーにも手紙を出した。

とりわけ、シモーヌ・ド・ボーヴォワールには、ダンフェール゠ロシュロー広場の近くのカフェで会って、ジャミラのこと、彼女が受けた拷問について長い時間をかけて詳細に話した。わたしはボーヴォワールが熱烈に支持してくれることを一瞬たりとも疑わなかった。すぐに彼女は、反響を呼び起こし世論に警告するための手段をさぐった。彼女は容赦なき筆致で、「ジャミラ・ブーパシャのために」と題した記事を書き、それは一九六〇年六月二日付の『ルモンド』紙の一面に掲載された。こうして、事件が始まった。政府はアルジェでの『ルモンド』紙の発行を差し止めた。けれども世界中から手紙が殺到した。元レジスタンスの活動家たちは、とても憤慨して、フランス軍のやり方はゲシュタポを思い出させると書いてきた。

この記事については、ちょっとしたもめ事があった。ボーヴォワールはジャミラが受けた拷問について非常に詳細に記したが、なかでも最悪なのは「ビール瓶の首を彼女の膣に差し込む」という拷問だった。この膣という語に編集部の副主筆ロベール・ゴーチエが反発した。『ルモンド』紙で『膣』などという言葉を使うわけにはいかない。あり得ないことだ。考えてみてください。われわれは『ルタン』紙の後継者なのですよ！」わたしたちは唖然とした。『ルタン』紙だって真実を書いたはずだ！　カストール〔シモーヌ・ド・ボーヴォワールの仲間内の愛称〕は憤然として、原稿を取り下げると脅した。わたしは仲裁を試みて、「膣」を

「腹」に置き換えることを提案した。シモーヌは不機嫌に「馬鹿げてるわ、ジゼル。いい加減なことを言わないで。どうやって瓶を腹の中に入れるっていうの?」と言った。しかし、皆、この妥協案で納得した。そして、記事は爆弾のような効果を発した。「ジャミラ・ブーパシャのために」という委員会が発足し、政治家、哲学者、宗教関係者などさまざまな分野の名士たちが委員会への参加を望んだ。エメ・セゼール[23]、ジャン=ポール・サルトル、ジェルメーヌ・ティヨン、ルネ・ジュリヤール、ルイ・アラゴン、ド・ゴール夫人のジュヌヴィエーヴ、アンドレとアニーズ・ポステル=ヴィネ夫妻などが名前を連ねていた[24]。フランソワーズ・サガンさえも。わたしは、以前、エクモヴィルのサガンの家を訪問したことがあったが、彼女がこうした活動に加わるとは誰も予期していなかった。サガンが『エクスプレス』誌に載せたジャミラについての記事「少女と偉大なフランス」は、彼女の愛読者たちを動転させた。

わたしが願っていたような正義を獲得するためには、時として法律違反、さらには職業倫理

23 エメ・セゼール(一九一三—二〇〇八)。フランスの植民地だったマルティニークの詩人・劇作家・政治家。ネグリチュード(黒人性)運動を牽引し、植民地主義を批判した。

24 他にも、エドゥアール・グリッサン、ピエール・ヴィダル=ナケ、ミシェル・リケ神父、パブロ・ピカソなどが参加していた。ピカソが描いたジャミラの肖像画は、前掲書 *Djamila Boupacha* の表紙に使われている(五〇頁参照)。

にも違反しなければならなかった。弁護士になる宣誓をしたときに予感したとおりだった。わたしはブーパシャ事件の詳細を世論の前に暴露することによって、職業上の守秘義務に違反した。けれど、おそらくそれによって彼女の死刑を回避することができたのだ。フランス軍によってなされ、誰も知ろうとしなかった強姦という非常に重要な問題に注意を引くことができたのだ。ワシントンや東京でもデモが行われた。ブーパシャ委員会は記者会見を開き、政府に質問した。わたしたちは、ジャミラのフランスへの移送(OASが強い力をもつアルジェリアでの裁判では、勝てる見込みがなかった)を獲得し、拷問執行被疑者の写真を入手した。けれど、彼らの名前や認識番号は入手できなかった。国防大臣が「軍の士気」にとって良くないと主張したからだ。わたしは大臣と軍の総司令官に対して職権乱用の訴えを提出した。結局、ジャミラは、アルジェリア戦争が終結した一九六二年のエビアン条約署名によって大赦を与えられた。彼女は出獄したら、シモーヌ・ド・ボーヴォワールに会いたいと夢見ていた。そのための昼食会も予定されていた。けれども、ジャミラにその時間はなかった。FLNが彼女を一刻も早くアルジェリアに送還するために、ほとんど誘拐するように連れ去ったからだ。

アニック・コジャン

アルジェリア戦争が終わってからも、あなたは強姦の犠牲になったさまざまな女性たちの弁

護に立ち、何度となく強姦を告発しました。あなたが担当したそうした重要な裁判の一つは、わたしたち皆の記憶に残っています。なぜならこの裁判は国中に論争を引き起こし、法律の改正にもつながって、女性の主張を前進させたからです。犯罪史で「強姦裁判」として有名な一九七八年のエクサンプロバンスの裁判です。

エクサンプロバンス裁判所で、二人の原告と。中央がアリミ。©AFP＝時事

ジゼル・アリミ

それはまさにわたしが望んでいた裁判でした。一九七四年八月のある夜、二人の若いベルギー人女性が旅行中に、マルセイユの近くの入江でキャンプをしていて暴漢に襲われたのです。三人の男がテントに侵入し、五時間近くものあいだ暴力を振るい、強姦した後、血まみれで、怯え、強いショックを受けた彼女たちを置き去りにしたのです。恐ろしい話であると同時に典型的なものでした。三人の男たちの暴力、彼らと

性関係をもつことに対する二人の女性の明白な拒否、明け方にようやく逃げ出すことができるとすぐに駆け込んだ警察による傷の確認、さらに警察が連れて行った病院での診断書など……社会に訴えかけるための、象徴的な大きな訴訟に取り掛かるための、すべてがそろっていました。これは罪を償わせるための裁判というよりも議論するための裁判でした。タブーを再検討し、強姦を許容する——というか、強姦は男の自然によるものであり女にとっては不運なのだと諦めてしまう——全般的な文化を再検討し、覆し、熟考するための裁判だった。確かに、重罪裁判所の裁判官は開廷のことばのなかで「この訴訟は被告人を裁くものであって、強姦を裁くものではない」と厳かに警告していた。でも、お気の毒さま。わたしは強姦を裁きたかったのだ。わたしは強姦の有罪を主張する。

いかなる裁判もその背景、つまりその国の文化や政治と切り離すことはできない。なぜ世論を揺り動かし、風習を変化させることを断念するのか？　いいえ、風習を変えなければならない。社会をつくり直さなければならない。女性たちが自分の身体の自由をもつ権利を認めさせ、男女間の力関係を変えること。結局のところ、わたしはそうしたことすべてを強く願っていた。公共の秩序に対する違反を罰するだけで甘んじているような裁判、そうした違反の意味を考えず、その背景にある力学を考慮しない裁判は、生きた裁判ではない。そうなのだ、わたしは討論のための裁判を願っていた。有名人を証人として召喚したり、テレビや新聞を動員したので、「裁判を見世物にしている」と非難する人たちもいた。それがどうだというのか？　そうすることで、ジャミラ・ブーパシャの裁判がそうだったように、人々の意識に働きかけることができるとしたら、わたしはいつでもそうするつもりだった。判例を改めさせる可能性、未来の法律へと進展させる可能性をつかまなければならなかった。女性たちの長い闘いに新たなエピソードを書き加えること。

この事件の裁判の始まりは最悪だった。被害に遭った二人の若い女性、アンヌ・トングレとアラスリ・カステラノを担当した女性予審判事は怪物のように人間性が欠如していた。警察の最初の事実確認では、二人は血と精液にまみれていて、緊急の手当を必要としていた。それなのにこの女性司法官は、彼女たちをそうした状態のままで、ほとんど犯罪者のように扱い、信じられないほどの厳しさで尋問したのだ。そして事件を傷害罪として、軽罪裁判所に送検した。そうなのよ、傷害罪！　ただの軽犯罪。しかし、強姦は大罪であり、重罪裁判所の管轄に属する。それなのに、被告たちは犯行の五週間後には釈放されていて、彼らがようやくエクサンプロバンスの重罪裁判所に出頭することになるまでには四年にわたる不条理なカフカ的な裁判手続きを重ねなければならなかった。そして、裁判は、いまでも恐怖とともに思い出すような、暴力的で憎しみにみちた雰囲気のなかで行われた。「ショワジール」[25]の闘士たちがアンヌとアラスリを支援するためにやってきて、二人を優しく取り囲んでいた。一方、一日目から、被告の仲間のならず者の一団が警備隊と結託して狭い小法廷に入り込んで、彼女たちを挑発し、ののしり、非難した。二日目には、彼らは法廷に入る通り道をふさいで、二人が到着すると、たけり狂って叫んだ。「あばずれ、淫売、レズビアン、バカ野郎。」わたしの協力者の一人は平手打ちをくらった。もう一人は顔に唾を吐かれた。わたし自身も殴られて、「もし彼らを有罪にしたら、お前を殺すからな」と脅迫されたので、裁判長に訴えないわけにはいかないほどだった。今日では、こうした裁判がどれほど家父長制社会の通念に反するものであったか、この二人の女性にとって、告訴を維持し、堂々と頭を上げていることがどれほど勇気を必要としたかを想像するのは難しいかもしれない。

　裁判での審理も同じ調子だった。それはあまりにも粗野で男根崇拝の恥ずべき考え方を暴露するものだったので、裁判は、原告にもう一度深い傷《トロマティズム》を与えることになった。被告の三人は、暴力を振るった証拠があったにもかかわらず、ずうずうしくも、二人の女性の同意があったと主張したのだ。お決まりの手だ！　要するに、彼らはみんな、楽しみたい、喜びを感じたいと思ったというわけだ。それに、彼らは彼女たちを「正常」な道に呼び戻したのだから、この経験は犠牲者たちにとっても損にはならなかったというのだ。「正常」とは異性愛という意味であり、おそらくそれこそは法廷の立役者たち、裁判官や検察官、聴衆、弁護士たちの結束を確かなものにしていた。それによって被告たちもまた彼らと暗黙の共犯関係をつくりあげていたのだ。いずれにしても、事実関係についての弁論は、判事たちの（暗黙の）コンセンサスと聴衆の（面白半分の）コンセンサスを獲得したように思えた。あまりにもひどかった。二人の女性を結びつけていた愛の絆は、三人の男たちとの性関係に対する彼女たちの無関心を証明する補足証拠とならなかったばかりか不利な要因にされた。すなわち、彼女たちが同性愛者であることは、彼女たちが退廃的な風習にまみれた、社会のはみ出し者だというレッテルを貼ったのだ。そうした誹謗中傷の理由は、同性愛に対する男たちの憎悪以外には説明がつかなかった。わたしはあきれ果て、憤慨した。

強姦とは、ある日、暴力的に女性の身体に埋め込まれた死のようなものだ。この死は女性の

25 「ショワジール Choisir」は、ジゼル・アリミとシモーヌ・ド・ボーヴォワールが一九七一年に人工妊娠中絶合法化運動のために設立したグループで、正式名称は「女性の大義を選択する Choisir la cause des femmes」。一九七五年の中絶合法化後も、強姦裁判やパリテ〔男女同数代表制〕などのために闘い、現在も女性の権利を擁護するための活動を続けている。本書、第四章を参照。

生命との、身を苛むような一種の平行関係にある。これは、アンヌとアラスリが我が家で数日過ごしたときに説明してくれたことだ。わたしたちは裁判の準備をするためにじっくり話し合った。料理をしながら、食事をしながら、議論しながら、徐々に、彼女たちの本当の気持ち、この「生きながら死んでいる」という感情が言葉になって表現された。アンヌの母親はそのことを裁判で証言した。彼女たちが「病院の部屋の奥に、まるで恐怖にふるえあがっている小さな動物のようにうずくまっている」のを見たときのことを話した。けれども攻撃や作り話を防ぐことはできなかった。彼女たちがどれほど抵抗したかを証明するためには非常に厳しい尋問も避けられなかった。こうしたこともまた、すべての強姦裁判に見られる特徴だ。ある日わたしは、法廷で、うんざりして言った。「これ以上どうしろというのですか？　強姦されるくらいなら殺されたほうが立派だとでも？　死ぬまで抵抗しろとでも？　強姦されたことを信じてもらうためには死ななければならないのですか？」と。わたしはそういうケースを見てきた。暴漢たちに手を切り落とされた若い女性に出会ったこともある。彼女は逃げようとして、川に飛び込んで、樹の枝にしがみついていた。その手を切られたのだ。〔男にとって、〕女性の身体を自分のものにするのは当然のことではないのか？　戦争のときも、平和なときも、バカンスでも、職場でも、いつだって女の身体は戦利品だったのではないか？　文化や教育や宗教は、男性による女性支配を正常なこととしてきたのではなかったか？　そして強姦は、多くの者にとって、少々行き過ぎたナンパではないのか？　エクサンプロバンスの裁判所の警備官が誰にともなく「おい！　女と寝たからって、重罪裁判所だとさ。どうなってるんだ？」と言ったときに、彼が考えていたのはまさにそうしたことだった。とんでもない！　男が女を強姦すること、それは愛に対する重罪です。シラノ・ド・ベルジュラックが語った「あの無限の瞬間《とき》」への許しがたい罪。いやそれ以上です。身体的な力による関係は、相手のアイデンティティの蔑視であり、否定の表れです。わたしが、強姦という行為は日常のファシズムだというのはそのためです。

犯罪以外の何ものでもないこの強姦という罪の重大さについて考えてもらうために、強姦がまさにその兆候である文化社会的病理を分析するために、そして破壊された女性の尊厳をふたたび取り戻すための手段を示すために、わたしは数人のいわゆる参考人を召喚した。裁判長は、いつになくぶしつけに、彼らの聴問に疑義を示した。「あなたは現場にいたのですか？　実際にあったことを証言できるのですか？」と彼は尋ねた。だけど、強姦の現場に証人などいるわけがない。少なくともそうであってほしい。しかし裁判長は多くを知ろうとはせず、証人席の柵にしがみついている証人を、公権力を動員してまで退席させようとして、「あなたは事実関係の証人ではない。発言を許可しません。出ていきなさい」と言い放った。参考人の一人、アルレット・ラギエ[26]は「でも、彼女たちはわたしの姉妹のようなものです」と叫んだ。彼女は力をふりしぼって、へばりついていた。「いいえ。わたしは出ていきません。」彼女は騒ぎにかき消されないように声を張り上げて、「もしこれが銀行強盗だったら……」と言った。「犯罪だと認められ、もっと厳しく罰せられるだろう」と、彼女は言いたかったのだ。だけど、その間もなかった。「警備官、この証人を退去させなさい。」警備官たちはアルレットのほうに向かい、捕まえようとした。わたしは「彼女に手を触れないでください！」と叫んだ。そして彼らの間に割って入って、「わたしにも触れないでください」と付け加えた。重罪裁判所の真ん中で、制服姿の警備官が法服を着た女性弁護士とつかみ合うなどということがかつてあっただろうか？　あったためしがない。警備官たちは動作を止めて、裁判長のほうに目を向けた。わたしはアルレットの腕を取り、一緒に退廷した。裁判長はすっかりうろたえて、「公判の中断」を決定した。

　わたしが参考人として意見を聴きたいとお願いしたミンコウスキー教授、アカデミー会員のピエール・エマニュエル、そして左右を問わず各方面からの女性代議士たちは、もちろん事実関係の証人でも原告側証人でもなかった。彼らはこの強姦という犯罪の全貌を見ることのできる人物、大まかに言って、法廷に文化を持ち込むことのできる人たちだった。それは、わたしたちの物の考え方《メンタリティ》や風習を変えることであり、わたしが執拗に願っていたことだった。法廷の外に追い出された彼らは、エクサンプロバンスの裁判所の正面階段に立って、テレビやラジオ、新聞などに向けて証言した。わたしは彼らに質問し、ジャーナリストたちはわたしが重要だと思った点を中継してくれた。こうしてわたしたちは、根本的に女性蔑視の司法に対して闘い、フェミニストとしての闘いを続行したのだ。侮辱され、虐げられたすべての女性のための、わたしも含めてすべての女性のための闘いだった。というのも、わたしは弁論しながら、これは自分自身のための弁論でもあるのだと、お腹の底から感じていたからだ。女性のための大義というものがあるのだ。

結局、三人の被告は厳罰に処せられた[27]。わたしたちは法廷での議論を本にまとめて出版した[28]。「ショワジール」は新たな法律の条文作成に取り組んだ。判決の翌日には、議員たちによるいくつかの法案が上院事務局に提出された。それはエクサンプロバンスの裁判が世論を揺るがし

---

26 アルレット・ラギエ〔一九四〇―〕は、フランスの社会運動家、一九七三年からフランスのトロツキスト政党「労働者の闘争」のスポークスマン。一九七四年フランス大統領選挙以来、毎回立候補している。

27 三人のうち一人は六年、他の二人は四年の懲役で、当時としては厳しい判決だった。

28 Choisir la cause des femmes, préface de Gisèle Halimi, *Viol, le procès d'Aix-en-Provence*, Gallimard, coll. "Idées", 1978.

たことの証明だった。こうして一九八〇年一二月二三日法が公布される。そこでは、強姦の定義が修正され、従来は「強制わいせつ」としか見なされなかったものも含めて、あらゆる性的攻撃が強姦罪として規定された[29]。被害者が望む場合には、裁判を非公開にすることを要請できる。また、「ショワジール」のような、女性の権利を擁護するためのアソシエーションが、強姦された女性の代わりに民事原告人になって損害賠償を請求することもできるようになる。それは議論の余地のない前進だった。

29 一九八〇年法では、夫婦間の強姦も犯罪として認められた。〔ただし、最初の判例は一九九〇年九月五日の破棄院による決定である。〕現在のフランス刑法では、強姦は次のように規定されている。
第222-23条（強姦）1 暴行、強制、脅迫又は不意打ちによって、他人又は犯人の身体に対してなされた性的挿入行為は、性質のいかんを問わず全て、あるいはオーラルセックスは全て〔傍点部は二〇二一年四月二一日法第9条により追加〕、強姦とする。2 強姦は、一五年の拘禁刑に処する。

第4章　「ショワジール」……女性同士の友愛《ソロリテ》を力に

アニック・コジャン
シモーヌ・ド・ボーヴォワールとはどうやって出会ったのですか？　彼女の著作はすでにたくさんお読みになっていましたか？　彼女はあなたにとってどんな存在でしたか？　大きな影響を受けた人、模範とする人の一人だったのでしょうか？

ジゼル・アリミ
二三歳の時に『第二の性』を、感嘆と驚きの混じった思いで読みました。というのもこの本はわたしがそれまで経験してきたこと、わたしの最初の反抗、女性の従属や屈従に関してずっと抱いていた怒り、そういったものを言葉にしてくれていたからです。信じられないくらいでした。この本はわたしに男女の関係を分析するための、女になるという免れることのできない不幸を説明するための鍵を与えてくれたのです。人は〔女に生まれるのではなく、〕女になるのだ。「文明全体が、男と去勢者の中間物、つまり女と呼ばれるものをつくりあげるのだ[30]」とボーヴォワールは書いています。男性の状況と女性の状況の違いのほとんどは文化によるものであることを明らかにしたのです。この本はとても刺激的で、常識破りで、わたしを励ましてくれた！　突然、一筋の光のようなものがわたしの行く手を照らしてくれたような印象だった。

それまで、わたしのフェミニズムはまったく本能的なもので、経験につれて断片的に構築されたものだった。ところが、貧困に苦しんだこともなければ、家族のなかで男たちに支配されたこともない女性が、もちろん一五歳で結婚を強制されることもなく、それどころか逆に、勉強してその才能を開花させるように励まされた女性が、見事にフェミニズムを理論化していた。彼女は女性の普遍的な状況を表現していた。反抗はしたもののあまりにも孤独を感じていたわたしは、突如として、〔女たちの〕巨大な共同体のなかに包み込まれていることに気づいた。闇雲《やみくも》だったフェミニズムの企てに理論的な基盤が与えられたのです。後は、それに基づいて闘いを始めるだけだった。

わたしがボーヴォワールに出会ったのは[31]、一九五八年九月のある夕べ、ド・ゴール新憲法についての国民投票に「反対《ノン》」を唱える集会においてだった。彼女はサルトルとともにやってきた。わたしはじっと見守っていた。彼女は少し重い足どりで進んできた。見事に結い上げた髪、非常に生き生きとした目。わたしはもの凄く感動していた。わたしたちは同じ演壇の上に座った。わたしは彼女に、わたしと同年代のすべての女性にとって彼女がどんなに重要な存在であるかを手短に伝えた。彼女は微笑んで、あなたのように、社会参加に熱心で、闘争心にあふれた若い女性に感心しているのよと言った。そして、一緒に昼食でもと提案してくれたのだ。そんなことは夢でさえ想像したこともなかった！

数日後、わたしたちはラ・クーポール〔パリのモンパルナスにある、サルトルやボーヴォワールが贔屓にしていたブラッスリー〕で落ち合った。彼女はわたしの仕事やアルジェリアのことを尋ねた。わたしのほうもいっぱい質問した。わたしは一瞬にして、彼女こそはわたしにとってかけがえのない先達であるということがわかった。彼女の知性、明晰さ、闘争心にわたしは魅了された。彼女は自分の時間を割くことを惜しまなかった、援助を惜しまなかった。彼女はど

30 シモーヌ・ド・ボーヴォワール著『第二の性』II、第一章「子ども時代」の冒頭からの引用。
31 この出会いについては、ボーヴォワールも『或る戦後』下（朝吹登水子・二宮フサ訳、紀伊國屋書店、一九六五年）一七二頁で回想している。

んなときでも、信頼できる誠実な人だった。これからは彼女を頼りにできるということがわかった。そして彼女が亡くなるまでわたしたちはずっと親しく付き合った。

けれど、ボーヴォワールには温かみの欠けるところがあって、戸惑わされることもあった。それで、ある種のもの足りなさを感じないではいられなかった。わたしが期待していたのはともに闘う姉妹だった。でも、どこかに書いたことがあるように、わたしが彼女のなかに発見したのは「昆虫学者」だった。彼女はどんな問題においても感情的なアプローチを拒んだ。ほんの少しの感動に対してもバリケードを築いた。わたしが扱った大きな事件の関係者に対しても、闘争の役に立つ「ケース」としてしか見ていなくて、感情がほとばしったり、同情の涙を流したり、愛おしく思うといったところがなかった。彼女が委員長をしていた「ジャミラ・ブーパシャのために」委員会の記者会見の一つで、わたしは若い友人のビアンカ・ランブランにジャミラの父親——彼もまた拷問を経験していた——の手紙を読むように頼んでおいた。そこに記された物語は衝撃的で、列挙された拷問はぞっとさせた。ビアンカはしゃくりあげて泣き崩れた。長い沈黙があった。記者たちは息をひそめていた。その時、ボーヴォワールはビアンカの手から便箋をもぎとって、予期していなかった出来事に不満そうに、乾いた声で、最後まで読み終えた。彼女は予定に亀裂が生じたり、感情を外に表したりすることに我慢できなかったの

左からボーヴォワール、サルトル、アリミ。©AFP＝時事

だ。後年、わたしはふたたびボーヴォワールの反応の冷たさに驚かされた。それは、〔前にも話したように〕FLNがジャミラを武力によってアルジェリアに送還してしまったために彼女たちがもう会えなくなったことを、沈痛な思いで伝えたときだった。ボーヴォワールはあれほどジャミラのために全力を傾けて闘ったというのに、会えなくなったことにまったく無頓着だったのだ。ジャミラは彼女にとって、一つの大義のためのシンボルでしかなかった。一件落着、次に進もうというわけだ。

サルトルはかなり違っていた。彼のことを、わたしは父親に対するように愛した。ボーヴォワールに対してよりずっと親密に感じた。わたしが息子の一人のことで困った時に相談したのは彼だった。彼は公平で、寛大で、親切だった。他の人の考えを限りなく尊重する人だった。わたしは一九五八年のあの集会で出会った後、彼の弁護士になった。彼には間違いなく弁護士が必要だった！　さまざまな契約、裁判、税金、世界中で演じられ、著作権の支払われていない戯曲の使用料などのためだ。わたしは彼を守り、手続きの煩わしさから解放するために一生懸命になった。時には、彼の戯曲の一つを上演したいと夢見ている演出家や俳優に、彼の代わりに会うことさえあった。サルトルが執着しているのは、書くことだけだった。残りのことはどうでもいい些細なことだった。彼はいつも、自分のテキストの著作権を侵害する人たちを許す理由を見つけた。彼は金銭に無関心だった。とはいえ、お金は必要だった。何人もの人を養っていたからだ。わたしは、彼の母親とも知り合いになった。彼女は息子のことを「プールー」と呼び、サン・ジェルマン・デ・プレ教会の近くに、長い間一緒に住んでいた。サルトルは母親ととても親密で、「親愛なるママン《シェール》」と呼んでいた。こうして、わたしたち、夫のクロード・フォー〔本書一二一頁参照〕とわたしは、シモーヌ・ド・ボーヴォワールが「家族」と呼んでいたグループに仲間入りした。わたしたちはよくサルトルとボーヴォワールを家での夕食に招待した。クロードが買物に行き――彼はいつも「上等の」食材を探し出した――わたしは、タジンヌ〔羊肉や鶏肉を野菜と蒸した北アフリカ料理〕やクスクスを準備した。注意しておくけど、こうした分担はわたしの女としての条件を後退させるものではまったくない。わたしはそうしたかったから、台所にいるほうを選んだの。料理をするのはわたしの楽しみ。法廷や事務所で過ごすのとは別枠の、至福の時だった。そういう機会には、前の晩から準備に取り掛かった。粗びき粉《セモリナ》が水と塩をふくんで粒状になるまで、クスクスを手のひらで転がした。サルトルには、彼の大好物のにんにくと一緒にフライパンで炒めたパスタも用意した。カストールとサルトルは、それを上等のワインとともに味わった……。

アニック・コジャン

いったいどうして、弁護士のあなたが、一九七一年四月五日の『ヌーヴェル・オプセルヴァトゥール』誌に掲載されたあの有名な「三四三人宣言《マニフェスト》」に署名したのですか。この宣言では、有名な女性たち――特に、カトリーヌ・ドヌーヴ、フランソワーズ・サガン、マルグリット・デュラス、デルフィーヌ・セイリグ[32]、アリアーヌ・ムヌーシュキンなど――が、中絶したことがあると、つまり法律[33]に違反したことがあると証言しました。

32 デルフィーヌ・セイリグ〔一九三二―一九九〇〕。レバノンのベイルート出身で、フランスで活躍した女優。主な出演作に、『去年マリエンバードで』〔一九六一年〕、ヴェネチア国際映画祭の主演女優賞を受賞した『ミュリエル』〔一九六三年〕など。

33 当時のフランスでは、「中絶の教唆及び避妊の宣伝の処罰に関する」一九二〇年法による中絶の禁止が続いていた。避妊については、一九六七年のヌヴィルト法により避妊具やピルの販売が年令制限付きながら許可されていたが、宣伝については禁止されたままで、出産可能年齢のフランス女性のうち実際に避妊手段を用いていたのは六～七％にすぎなかった。

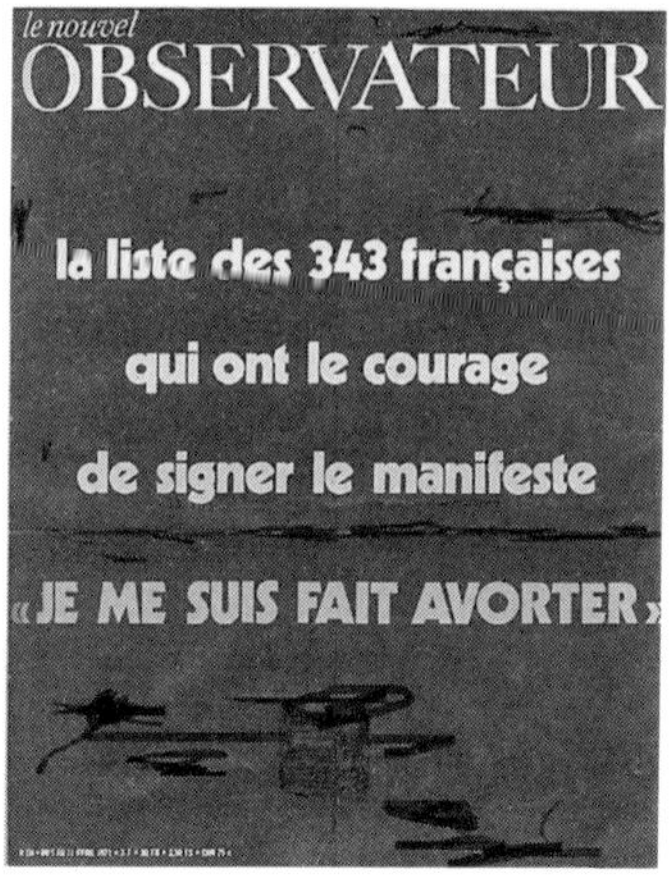
le nouvel
OBSERVATEUR
la liste des 343 françaises
qui ont le courage
de signer le manifeste
«JE ME SUIS FAIT AVORTER»

「343人のマニフェスト」を掲載した「ヌーヴェル・オブセルヴァトゥール」誌（1971年4月5-11日号）の表紙。黒地に「『わたしは中絶した』／という宣言に署名する／勇気ある／343人のフランス人女性のリスト」という文字が4段に分けて、黄色から徐々に赤味を帯び、最後の段の『わたしは中絶した』が赤色で記されている。

ジゼル・アリミ

一瞬もためらいませんでした。このマニフェストは基本的な自由の要求を表現したもので、わたしは全面的に支持しました。わき目も振らずに突進しました。シモーヌ・ド・ボーヴォワールが有名な女性の署名を集めてほしいと電話してきて、「でも、もちろんあなたは駄目よ、ジゼル。あなたは弁護士として、特別な制裁を受ける危険がある」と言いました。わたしは「知ったことじゃないわ。わたしも署名します」と答えたのです。実際、わたしは後に、パリ弁護士会会長による戒告処分を受けました。でも、それがどうしたっていうの？

マニフェストの文言は、短くシンプルなものだった。「フランスでは毎年百万人の女性たちが中絶している。彼女たちはそれを危険な条件で行っている。なぜなら、この手術は医学的管理の下でなら極めて簡単な手術であるにもかかわらず、隠れて行わざるを得ないからだ。これら何百万人の女性たちについて、人々は口を閉ざしている。わたしは、これらの女性たちの一人であることを宣言する。わたしは、中絶をしたと宣言する。同時に、わたしたちは避妊手段への自由なアクセスを、そして自由な中絶を要求する。」

文学界、演劇界、映画界の有名人が決然として第一歩を踏み出した。それらはフランス文化の顔を象徴する名前、さすがに当局も「手を出せない」であろう名前だった。シモーヌ・シニョレは、残念なことに、署名しなかった。中絶するどころか、イヴ・モンタンとの子どもがどうしても欲しいからという理由だった。まるでそのほうが重要だと言わんばかりに！　シモーヌ・ド・ボーヴォワールは、中絶したことはなかったけれど、署名した。大義のためだった。ボーヴォワールはシニョレの態度にとても憤慨して、その後、シニョレがどんなに会いたがっても会おうとしなかった。ところで一旦、「大物の署名」が集まると、今度はこの運動の広りを証明するために、もっと別の人たちの署名も必要になった。わたしは政治集会などで出会った、地道な職業の、左派のごく普通の女性活動家たちの署名を集めた。こうしてマニフェストは期待通りの効果を得た。反響は絶大で、国外にまで伝わった。これまで隠されていた問題がようやく表に出たのだ。『シャルリ・エブド』誌は、「中絶についての宣言をした三四三人のあばずれ女たちを妊娠させたのはいったい誰だろう？」という面白い見出しをつけた。三四三人の女性市民たちは公衆の良心に呼びかけたのだった。彼女たちは法律に違反し、それを声を大にして宣言し、そうした法律の廃止を求めたのだ。いかなる女性も自分の身体の奴隷、生物学的宿命の奴隷であることはできない。女性の身体は女性のもの、主体としての女性のものだ。

ただ次のような問題があった。「無名の女性たち」――彼女たち自身がそう称していたのだけれど――が、警察に煩わされたり職業上の面倒を被るということが起きたのだ。たとえば、雇用契約の更新をしてもらえないとか、脅されたり、恥をかかされたりとか。それで、彼女たちはわたしに助けを求めてきた。「ボーヴォワールやドヌーヴは何の心配もない。でもわたしたちは皆のために尻拭いをさせられるのよ。あなたはわたしたちに署名させたけど、厄介が起きた場合のことは何も予測してくれなかった。」わたしは責任を感じた。彼女たちを援助しなければならなかった。こうして、中絶したために訴追されたすべての女性を無料で弁護することを目的としたアソシエーション、「ショワジール」が誕生する。「ショワジール」は、他にも、一九二〇年の刑罰法〔注33参照〕の廃止、及び、性教育と避妊へのアクセスを要求することを目的としていた。

わたしはボーヴォワールに電話して、こうした考えについて話した。彼女は、即座に、「あなたを支持します」と言った。ジャン・ロスタンにも電話した。この素晴らしい、アカデミー会員の科学者は、ヴィル・ダヴレーの彼の家に会いに来るように言った。彼は女性たちの闘争に関心をもち、仲間に入りたいと望んでいたのです。男女の性別の条件付けについての、彼の自問自答を思い出します。彼は、「人形と鉛の兵隊〔幼い時のおもちゃ〕は、女性と男性の心的差異に、ほとんどホルモンと同じくらい責任があるのではないだろうか？」と言っていた。わたしたちの波長はぴったり同じだった。それから、あの素晴らしい女優、デルフィーヌ・セイリグも加わった。彼女はこの構想について耳にするとすぐに、わたしの家にやってきて、あの独特な口調で、「ねえジゼル。わたし、心の底から賛成よ。わたし先刻、飛行機を降りたばかりで、まだ時差ぼけだけど、何をすればいいか教えてちょうだい。わたしやるから！」と言った。ブルターニュの田舎に行っていたクリスチャーヌ・ロシュフォールもすぐに乗り気になった。それから、作家のフランソワーズ・パルチュリエもいた。[34] 彼女は、「わたしは『フィガロ』紙の石頭連中に囲まれているけれど、だからって、心配しないで。女性の大義を守る邪魔はさせない」と言った。「ショワジール」という名前は、わたしの事務所で開いた第一回目の会合で決まった。提案したのはわたしだった。それは単刀直入に、産むか産まないかを決めるのは女性の権利だということを表現していた。そこには、ポール・エリュアールの詩の中の「薔薇を幸せな手で囲んで生かし続けるのと同じように、生命は、永続させるためにしか約束

34　フランソワーズ・パルチュリエ〔一九一一九―一九九五〕は、一九五六年から一九七四年まで、『フィガロ』紙のコラムで女性の権利を擁護する記事を書いていた。

することも与えることもしてはならない[35]」という考えが込められていた。子どもをつくることは一つの選択でなければならない。[36] 選択は自由の概念と分かつことのできない概念であり、「ショワジール」は女性の自由を目指していた。

そして、一九七二年のボビニ裁判が到来した。もっと正確に言えば、強姦されて中絶したことを強姦者本人によって警察に告発された一六歳の娘、マリ＝クレール・シュヴァリエの事件である。それは、誰の目にも明らかな不正義、虐待、社会的差別の実例だといえる。正直で、まがうかたなく誠実で、道徳的にいってても非の打ちどころのない人たち――少女マリ＝クレールと中絶を助けた母親、そして三人の「共犯者」――に対する、どこをどう取っても許しがたい事件だった。スケールの大きい「政治」裁判を企て、法律そのものを告発するために、裁判官にでけなく、世論に向かって、そして国中に向かって訴えるために、それは申し分のない例だった。おわかりになるでしょう。わたしが弁護士になる宣誓をするときに感じたあのためらい、それが裏付けられたのです。法律には馬鹿馬鹿しいものも存在する。わたしの役割はそうした法律を裁判にかけることだった。

わたしは腹案を娘と母親に明快に説明した。地下鉄の改札係をしていた母親は、冷静で、堂々として、意志が強かった。彼女たちが召喚されたボビニ裁判所、この郊外の裁判所でいまや非常に重要な何かが起きようとしていた。被告たちは事実を否定するつもりはなかった。逆だった。彼女たちは事実を認め、しかし言い訳も後悔もしないだろう。彼女たちは中絶を罰する一九二〇年法を糾弾するだろう。もちろん、「ショワジール」が裁判費用を負担する。

わたしは影響力のある参考人を望んだ。シモーヌ・ド・ボーヴォワールはもちろんのこと、ミシェル・ロカール、エメ・セゼール、デルフィーヌ・セイリグ、フランソワーズ・ファビアン。それから、ノーベル医学賞のジャック・モノー教授もすぐに同意してくれた。彼の同僚で、ノーベル賞の共同受賞者フランソワ・ジャコブ教授も。ただし、熱心なカトリック教徒のポール・ミリエ教授の支持を得るのは少し難しかった。彼に会いに行ったとき、彼は即座に「中絶には反対です」と宣言した。それで、わたしは広げていた事件資料をまとめて、「それでは、

35　ポール・エリュアールの『途絶えざる詩』poésie ininterrompue の一節。cf.高村智訳『とだえざる詩』、鳳書房、一九八七年。

36　ちなみに、シモーヌ・ド・ボーヴォワールは、しばしば、「産む性」を否定したと誤解されているが、『第二の性』には、「子どもを産むこと、それは〔世界への〕参加〔アンガージュマン〕を選ぶことである」と記されており（新潮文庫版、II下、九三頁）、子どもをつくることはまさに一つの自由な選択に基づく行為であるべきだと考えていた。

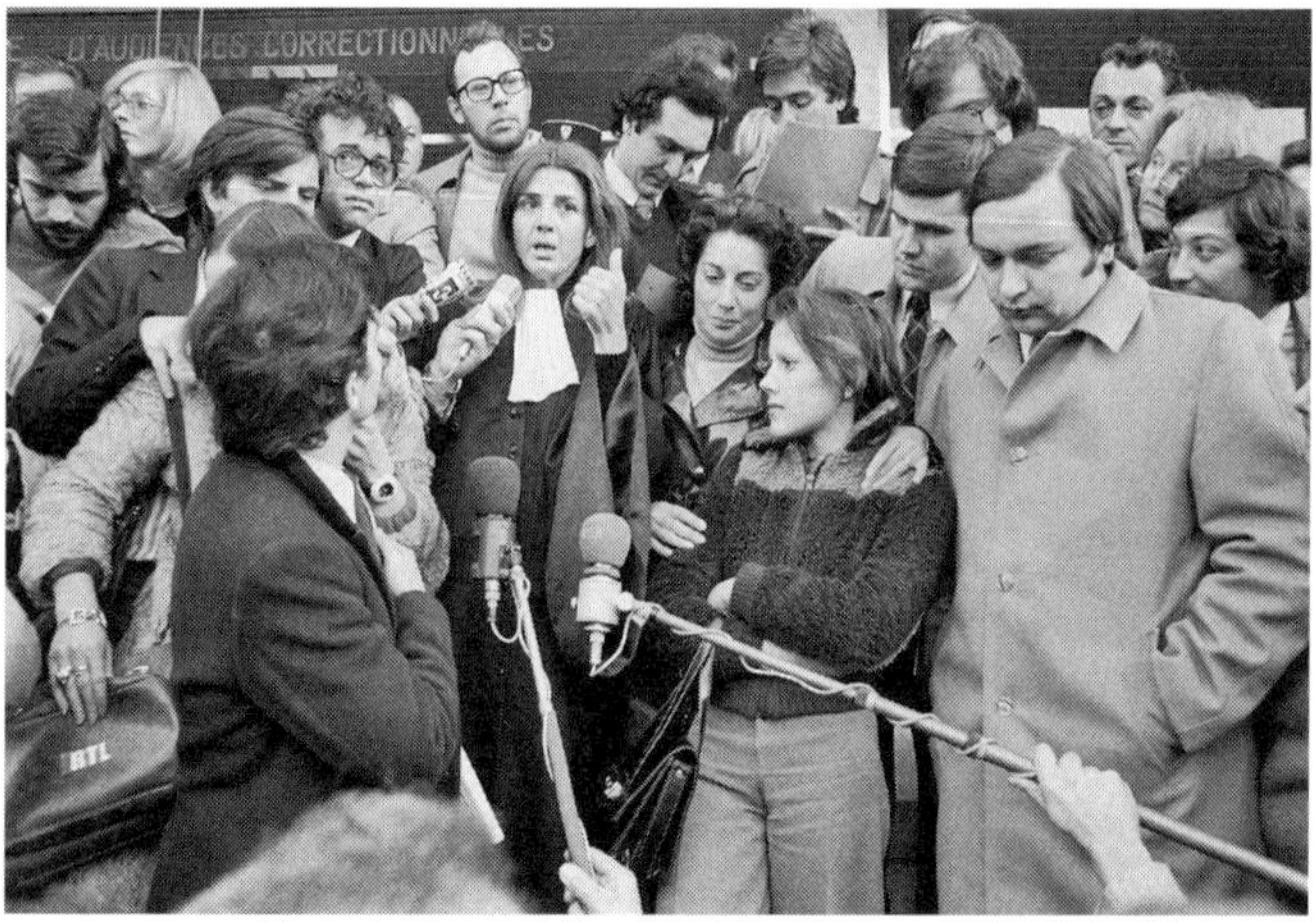

ボビニ裁判で記者の取材に答えるジゼル・アリミ（法服姿）とマリ＝クレール・シュヴァリエ、その母。©Photo by Getty Images

証言をお願いすることはできませんね」と立ち上がった。ところが、退出するためにドアを開けようとしたとき、彼はわたしのコートをつかんだ。彼の苦し気な顔は内心の葛藤を示していた。「待ってください。この事件は不公正だ。見逃すことはできない。知らないふりは出来ない。逃げるわけにはいかない。ボビニに出廷する」と彼は言った。わたしは彼がどんなに頑張っているか、緊張し、ためらっているかを理解した。それで、はっきり言った。「法廷で、公衆の前で、わたしはあなたにお尋ねするつもりです。『もしマリ＝クレールがあなたのところに診察を受けに来ていたら、どうなさいましたか』と。」彼はわたしを正面から見て、「中絶していたでしょう」と答えた。こうして彼はわたしにとって最も重要な参考人になってくれたのだ。わたしは彼の心の裂け目を推し量って、ものすごく感動した。

何日も、昼となく夜となく、五人の被告たちの顔がわたしにつきまとった。どうしても勝たなければならなかった。彼女たちのために、そして彼女たちの背後にいるすべての女性たちのために。かつて二度、中絶をした自分自身のためにも。わたしはそのことを法廷で言うつもりだった。それはほとんど前提条件だった。


「裁判長、ならびに裁判官の皆さま、今日、わたしは非常に稀な特権を手にしています。訴訟を申し立て、弁護するというわたしの職務とわたしの女性としての条件が完全に一致している喜びを感じているからです。

今日ほどわたしは、被告席と弁護席の両方に席を占めているのを感じることはないでしょう。弁護士としての職業倫理は、依頼人とのあいだに十分な距離を置くことを命じています。それはおそらく、女性弁護士も他の女性と同様に中絶することがありうること、それを口にすること、今日わたしがそうしようとしているように公言することがありうることを想定していなかったからでしょう。

わたしは中絶しました。間違いありません。わたしは弁護士ですが法律に違反しました。」

スキャンダルだった。わたしは「法服の名誉」を、「弁護士《アヴォカ》という職業」を汚したのだった。「弁護士《アヴォカ》?」毎回、わたしは訂正しなければならなかった。「弁護士《アヴォカ》ではなく、女性弁護士《アヴォカット》で[37]す」と。わたしは身分証明書にも訴訟資料にも名刺にもかならず「女性弁護士《アヴォカット》ジゼル・アリミ」と記した。弁護士会は何度も眉をしかめた。法律や弁護士会規則では弁護士《アヴォカ》としか書かれていなかったからだ。「性差別だわ！　わたしは女性弁護士《アヴォカット》です。どっちでもいいことではありません。」たしかに同じ職業、同じ資格だ。けれど、女性と男性では弁論の仕方が同じではない。わたしが言っているのは、上手いか下手かの問題ではない。そこには、異なる知性と感性が混じり合って引き起こすきらめきのようなものがある。わたしたちが受けた差別の経験や道のりがこうした違いを育むのです。法廷に入るとき、わたしは自分の人生、自分の生活を背負っているのです。ボビニ裁判所の判事たちに対峙している女性弁護士《アヴォカット》はかつて中絶したことがあったということ。これは大きな違いです。

一九歳のとき、わたしは妊娠してしまった。パリで、学生だった。わたしは男子学生の部屋について行ったのだ。多分、家族からしてはいけないと禁じられていたことに挑戦してみたかったのだ。ところがわたしの身体はわたしを裏切った。わたしは何としてでも自由でいたかったのに、わたしの身体は母親になるようにつくられていたのだ。自由でいたいというだけでは何の意味もなかった。何ということか？　一個の精子が一個の卵子と偶然に出会っただけなのに、その偶然にわたしの一生を左右する決定を託さねばならないのか？　おまけに、別の新たな生命をつくることまでも？　それはわたし自身を否定するのと同じだった！　母性は、責任をもって選択するべきものではないのか。そうではないとするには、あまりにも重要なことに思えた。選択ではなく偶然によって母親になるなんて耐えられなかった。食い止めなければならない。わたしの身体を襲って、わたしの人生を奪おうとしているこの怪物のようなものを消滅させるためなら何でもする覚悟だった。

もちろん、妊娠したことをほんの少しでも家族に話してみるなどということは問題外だった。そんなことをしたら、父はわたしを殺すか、自殺していただろう。両方かもしれない。他にも何をしたかわからない。父にとっては、自分の娘が、結婚もしていない娘が妊娠するなんて、まったくありえないことだった。誰にも話さず、まったく独りぼっちで、わたしは〔秘密に中

37　弁護士 avocat の語尾に、女性形を表す -e を付けて女性弁護士 avocate と記した。これは、当時としては非常に稀な試みだった。一九八四年に「女性の権利」大臣イヴェット・ルーディのもとで、女性の職業や役職名の女性化に関する委員会（委員長、ブノワット・グルー）が組織され、一九八六年三月一一日付の通達として結実したが、実効が出るには、一九九八年三月六日の通達によって再びこの問題が取り上げられるまで待たねばならなかった。

絶してくれる」「アドレス」を探し始めた。そしてようやく見つけた。わたしはゾンデを入れられた。感染症を起こして、ひどい高熱が出た。友だちのそのまた友だちのお蔭で、緊急入院することが出来た。すべてはあっという間に行われた。麻酔なしで掻爬されたのだ。それはわたしの生涯で最もいまわしい思い出の一つだ。ひどい痛み、耐え難いほどの痛みだったけれど、それ以上に、故意に痛めつけられたと感じたからだった。それは、わたしの女性としての自由を罰し、わたしが男性に従属しているのだということを思いしらせるための拷問だった。いまでも、わたしの処置をした若い残酷な医者の意地悪な声が聞こえる。「これで、もう二度と同じ過ちを繰り返さないだろう。」(この点では、彼は間違っていた。)その夜わたしは、病院のベンチで、思いきり泣いた。疲れ果て、茫然として。わたしは最も野蛮なかたちの抑圧に出会ったのだ。それはわたしの心に深い傷《トロマティズム》を残した。けれど、何も後悔はしなかった。生物学がわたしに罠を仕掛けた。でもわたしはその罠から逃れたのだ。わたしはわたしの身体とうまく調和して生きたかった。身体の命令通りにはならない。わたしが少女から大人の女になったのはその夜だったように思う。反抗的な少女から、決して服従しない女性への移行。

こうして、一九七二年一〇月一一日、わたしはボビニ児童裁判所で弁論した。外では群衆がデルフィーヌ・セイリグと一緒に「わたしたちは皆、中絶をしたことがある!」「マリ＝クレールに自由を！」とか、「金持ちにはイギリスがある。貧乏人には牢獄しかないのか！」と叫んでいるのが聞こえた。そうした叫び声は、女性の生活について何も知らないのにわたしたちを裁こうとしている男性たちに対して感じていた怒りと同じように、わたしを奮い立たせた。わたしは判決を待った。とても不安だった。わたしの依頼人が死刑宣告を受けた時の、あの大きな政治裁判で感じた緊張を思い出した。そして、遂にマリ＝クレールは釈放された。それはとても大きな喜びだった。三週間後には、中絶を企てたことで起訴された彼女の母親のミシエール・シュヴァリエと「共犯」の三人の女性の公判が控えていた。その裁判は、もっと大変なものになることがわかっていた。わたしは、彼女たちの私生活にまで立ち入るであろう尋問や、技術的あるいは性的な説明を前にして感じるであろう困惑などの試練に、彼女たちがどう立ち向かうか気にかかっていた。だが、彼女たちの主張の一貫性、堂々たる態度は、完璧だった。参考人たちも皆、素晴らしかった。けれども、裁判官たちが原因の、信じられないほどばかばかしい瞬間や滑稽な受け答えがあった。そうした受け答えは、裁判官たちのこの問題に対する底知れない無知を示すものであり、笑いを引き起こしかねないものだった。裁判長と「中絶施術者」と見なされていた女性との間のやりとりはまさにその例である。

「どうやってマリ＝クレールの中絶を行ったのですか？」

「裁判長殿。わたしは彼女の家に行き、まずスペキュラム（膣鏡）を入れました。」

「スペキュラム？　口の中に入れたのですね？」

話にもならない。女性裁判官であれば、これほどばかげた、これほど無知な質問は決してしなかっただろう。わたしは、弁論のなかで、こう言わずにはいられなかった。

「裁判官の皆さま。よくご覧になってください。四人の男性の前に四人の女性が出頭して、何について話そうというのでしょう？　彼女たちの子宮について、妊娠について、中絶について、肉体的に自由でありたいという要求について話すというのに〈男性裁判官しかいません〉。これ自体すでに公正を欠いてはいないでしょうか。」

もっとも、この話においてはすべてが不公平だった。特に不公平なのは、訴追されるのは経済的に恵まれない境遇の女性だけだという点だ。刑を受けるのはいつも同じような女性たちだ。わたしは判事たちに言った。「二〇年間の弁護士生活において、会社社長や政府高官の妻、大臣の妻が中絶やその共犯として法廷に召喚されるのを見たことがありません。そうした殿方たちの愛人もそうです」と。彼女たちもわたしたちと変わりはない。同じように妊娠して、中絶する。ただし、彼女たちはもっと安全な条件で中絶する。彼女たちは秘かにイギリスやスイス行きの飛行機に乗る。あるいはパリで、もっと快適な診療所に受け入れられる。わたしたちが関わっているのは階級裁判なのです！

とはいえ、わたしたちは勝訴した。判決は一九二〇年法の破綻《はたん》を認めたのだ。そして、この訴訟に関するメディアの膨大な報道は、中絶に結びついていたタブーを打ち破った。沈黙の掟が終わりをつげたのだ。

多くの日刊紙が、ボビニ裁判の評決のニュースを第一面に掲載した。ラジオ、テレビ、新聞……すべてのメディアが競ってこの問題を扱った。そしてもの凄い数の手紙が殺到した。あちらからもこちらからも女性たちが、わたしたちを支持し、祝福し、闘いに参加したいと書いてきた。すでに裁判が始まる前から、女性たちからの手紙は大量に届いていた。ボビニ裁判所の事務職員たちは、ミシェール・シュヴァリエと共同被告人たちの釈放を要求する請願書、手紙や電報に埋まってしまっていた。だけど今度は、自分たちも闘いに加わりたいと言っているのだ。そして同時に、わたしたちに助けてほしいと願っていた。評決の後の数週間、どれほどたくさんの女性がわたしの弁護士事務所に通じる階段にひしめき合ったか想像できないでしょう。彼女たちはまったく無邪気に、わたしたち自身が中絶をしたり、中絶してくれるアドレスを教えたりできるものと信じて、やってきた。行列ができて、隣人たちが苦情を言うほどでした。

わたしたちは闘いをさらに前進させるために、ボビニ裁判の成功を効果的に利用したいと思った。それで「ショワジール」は、裁判の全記録を——違法ではあったが——出版することに決めた。こうしたことは裁判の歴史においても前例のないことだった。けれど、考えてみれば、この裁判自体が歴史的なことだったのだ。わたしたちは、法廷であったことをすべての人に知ってほしかった。つらい耐え難い証言、生《なま》のありのままの証言、自分の意に反して妊娠した貧しい少女がどんなに不安だったたか、裁判官たちのばかばかしい、無知な、見当はずれの尋問もふくめて、すべてを知ってほしかった。本は、ガリマール社から一ヵ月も経たないうちに、誰の手にも届く廉価版で出版された。仲間の女性たちが販売活動を組織した。彼女たちは、数週間で三万部以上も売った。もはや政治家たちもこの問題を知らないふりはできなかった。一九七四年の大統領選挙が近づいていた。万人が一致して、一九二〇年法は時代遅れだと見なした。メスメール内閣までもが最小限の新たな法案を準備し始めた。わたしたちの闘いが効果をもたらした証拠だった。わたしたちも急いで、きちんとした法案の作成に取り掛かった。

ミシェール・シュヴァリエはといえば、地下鉄の改札係として働きながら三人の娘を育てたこのシングルマザーは、相変わらずわたしに発破を掛け続けた。わたしたちは、ボビニ裁判に感動したアメリカのフェミニストたちにニューヨークに招待された。ミシェールは勤務先に休暇を申請して、わたしと同行し、アメリカの闘士たちに迎えられ、泊めてもらった。彼女は飛行機に乗ったことも、旅行したこともなかったが、大喜びで、しかも堂々として、新たな名声を享受していた。マンハッタンのシティ・ホール・パークで大きな集会が開かれた。わたしたちを紹介するために、女性たちが次々と壇に上った。そしてミシェールが、来賓としてスピーチをする番になった。「わたしは演説はできませんが、これまでの人生についてお話ししたいと思います」と、彼女は言った。素晴らしい話だった。

責任をもって一つの裁判を「大義の訴え」に変えるためには、非凡な資質をそなえた複数の主役の存在が欠かせない。中絶の自由を主張したボビニ裁判の場合、ミシェール・シュヴァリエの清廉潔白さと勇気こそは、わたしにとって最も重要な切り札だった。

「ショワジール」は加入者が急増した。一九七二年八月には三百人だったのが、一一月には約二千人になった。地方支部も作らなければならなかったし、出張や、かなりの数のシンポジウムや討論会の要請にも応えなければならなかった。パリでは、日曜ごとにわたしの事務所で集まった。会合は熱気に満ちていた。女同士で会って、自由に話が出来ると感じるのは一種の喜びだった。そんなことはめったにないことだ。初めのうちは、男性の出席も受け入れていたけれど、それは間違いだった。男性の評価を恐れたり、女性の身体についての無理解や無知を心配して、自己検閲する女性が出てきたからだ。要するに、わたしたちはわたしたちの腹部のことを話しているわけだけれど、彼らにはわからないでしょう？　それで、女性だけで話し合いたいということで話がまとまった。それによって、彼女たちの証言はより力強く、誠実で、奥深いものとなり、わたしはそうした証言に圧倒された。恥ずかしさが消えて、言葉が、人知れぬ不安や苦痛、そして怒りを表現するための道を見つけたのだ。女性たちの体験がありのままに現われて、わたしたちはお互いに手を取り合っているような印象をもった。女同士の同じ条件、同じ闘い、同じ言葉。そして、もの凄く陽気な瞬間もあった。こらえきれないほど大笑いしたり、滑稽な逸話を披露したり、真夜中にパスタをつくりたくなったり……話したいことが山ほどあって、お開きにする気になれなかったからだ。

中絶の自由を公約していたジスカールデスタンが大統領になったとき、まだ何も確実なことはなかった。与党は中絶の自由のための法案を望んでいなかったので、ジスカールデスタンは巧妙に動く必要があった。厚生大臣としてシモーヌ・ヴェーユを選んだことは、すごくいい考えだった[38]。彼女は素晴らしかった。わたしは、フランスの歴代大統領のなかで最もフェミニストだったのはジスカールデスタンだと思っている。いずれにしても、フランソワ・ミッテランよりはずっとフェミニストだ。ミッテランが女性のことを考えるのは、単に選挙のための計算にすぎなかった。わたしはいつも彼のなかにサシャ・ギトリ[39]を感じていた。「ショワジール」は、そしてわたし個人も、すぐにシモーヌ・ヴェーユを支援することに決めた。わたしたちは何度も打ち合わせの会合をもち、法案の文案について意見を交換した（わたしはもちろん、中絶費用の社会保険による払い戻しを盛り込むために奮闘した〔注43参照〕）。ヴェーユの古風でブルジョワ的な側面には戸惑わされることもあった。でも、彼女の目はとても明るくて澄んでいた……。疑いもなくわたしたちは同じ側にいた、つまり女性たちの側にいた。互いに対立するようなことはしたくなかった。逆だった。わたしたちは助け合う必要があった。彼女のフェミニズムは目に見えて成長していった。彼女が、ヴォーバン広場の自宅での昼食に招待してくれることもあった。そんなとき二人だけで気兼ねなくおしゃべりできるように、「アントワーヌ、

38　こうして、一九七四年末にようやく中絶を合法化する「IVG〔女性の自由意思による妊娠中絶〕に関する法律」、通称ヴェーユ法が採択され（七五年一月施行）、「妊娠によって苦境に置かれる女性は、妊娠一〇週〔日本の数え方では一二週に相当〕の終わりまでを条件に、中絶を医師に要請できる」と定められた。その後、二〇〇一年の「IVGと避妊に関する法律」によって、合法期間は妊娠一二週〔日本の数え方では一四週〕に延長されている。なお、妊娠週は、EUでは受精成立日より数えるので、最終の月経開始日から数える日本とはほぼ二週間の差がある。

39　サシャ・ギトリ〔一八八五―一九五七〕。フランスの劇作家、映画監督。生涯に五度、いずれも女優と結婚。女好きで「女性のいない人生は考えられない」というタイプだったが、フェミニストではなかった。

あなたがいると話しにくいわ！」と、夫を追い払うことも辞さなかった。そうかと思うと、運転手付きの車で、人目に立たない薄汚いビストロを探しに出かけたこともあった。彼女だと知られずに煙草が吸えるような場所を求めて……。何しろ彼女は厚生大臣で、煙草撲滅キャンペーンを打ち出していたのだから。わたしたちはグラス一杯のワインを飲みながら、政府の品定めをして面白がったり、夫や息子たちの話をしたものだ。二人とも三人の息子がいた。奇遇だった。ただ、わたしとは違って、彼女は娘がいないことを残念がってはいなかった。

第5章　政治の世界にフェミニズムを

アニック・コジャン
あなたが政治や権力に関わりたいという気持ちになったのはいつですか？　それは、人々の——とりわけ女性の——生活を変えるためには、弁護士という職業には限界があると意識されたからでしょうか？　真の権力は立法者たちの手中にあると確信されたからでしょうか？

ジゼル・アリミ
法律を学ぶことを選んだのは、国民の代表である立法府によって作成される法律こそが、わたしの未来を、そして抑圧されているすべての人の未来を変えることができると思っていたからです。ただし、法律の作成に女性も参加することが条件です。わたしには、それは自明のことでした。女性の参加が必要です。それも集団として。まとまった数でということです。女性の力で障害を打ち砕かなければなりません。

でも、一九六〇年から一九七〇年頃のフェミニズムは、政治という制度を警戒していた。当時のフェミニズムが主に扱ったのは、中絶や、強姦に対する闘い、職業上の平等といった基本的な自由の獲得だった。わたしたちは社会問題に関しては大いに闘ったが、奇妙にも、政治や意思決定の場（市町村議会・地方議会・国会）における女性の地位に関しては、理論家たち――たとえばボーヴォワールのような――も女性運動の活動家たちも関心を示さなかった。当時、左翼の活動家のあいだでは、一種の正統派マルキシズムが支配していて、女性が被っている差別の特殊性を否定し、そうした差別について別個の闘いを求めることは非難された。労働者階級《プロレタリア》の解放が必然的に女性の解放をもたらすと考えられていたのだ……。一方、わたしたちのいくつかのグループに強い影響力を及ぼしていたアメリカ人のフェミニストたちも、男性中心の政治権力に接近することに強く反発していた。左か右かも問題ではなかった。「それ」は嫌悪感を催させ、支配や（性的、階級的、人種的）抑圧の同義語であり、世界のあらゆる罪のしるしをともなっていた。要するに、女性にとって、「家父長的祝宴」のおこぼれにあずかることに何のメリットもなかった。「男の政治」と「ぐるになる」のはすべてを失うも同然だった。

でもわたしは、前に進みたくてじりじりしていた。アルジェリアの紛争の終結と独立は、女性の大義のために力強い行動をしたいという欲求をわたしに与えていた。変えなければならないことが、立ち向かうべき時代錯誤、修正すべき不公平があまりにも多かった。いくつかの重要課題に立ち向かい、法律を改正するべきだった。わたしはいったい何度裁判長に言われたことだろう。「そうおっしゃられても！　法律を作ったのはわたしではありません。もし法律に不服であれば、国会議員たちに言ってください。法律が変わるまでは、現行法を適用するしかないのです」と。つまり政治が必要だった……。わたしはまだ政治活動とフェミニズムの関係を理論化してはいなかったけれど、両方を並行して行うことで、それぞれの前進を倍加することができると確信していた。しかしながら、なんらかの政党に所属することは、たとえわたしの要求といかに近くても、問題外だった。わたしの独立、わたしが渇望する自由は神聖にして侵すべからざるものだった。

ところがある日、一九六五年の大統領選でド・ゴールの対抗馬だったミッテランの側近の女性から、彼が一九六七年の総選挙にわたしが出馬することを望んでいるという知らせが届いた。フェミニストで、ジャミラ・ブーパシャやＦＬＮの弁護をした女性弁護士としてのわたしを見込んでのことだった。思いがけないことだったので、わたしはとても驚いた。無茶な行動ではないだろうか。わたしの弁護士事務所は次第に忙しくなっていたが、まだ軌道に乗っているとは言えなかった。法律問題の鑑定のためにアルジェに出張しなければならなかったし、三人の息子の母として絶えず心配事があった。一番幼いエマニュエルはまだ三歳になっていなかった。だが、ミッテランはとても説得力があった。わたしは政治的には左派で、右派のド・ゴール派の政治とは異なる政治が行われることを全力で願っていた。いまこそ政治の舞台に加わるべきだ。女性たちは主意主義的言説と行動への移行の拒否という矛盾から抜け出すべき時だ、というのだ。それでわたしは、パリ十五区から選挙戦に打って出ることになった。ミーティングや、市場《マルシェ》での市民との交流、会場になっている〔屋根のある〕校庭での演説など、すべてにおいて新米だったが、知識人や友人など、一団の人たちに助けられた。そのなかには、ライカの小型写真機を片手に、行く先々に付いてきてくれたアンリ・カルチエ゠ブレッソンがいた。そして、わたしの夫で、いつも変わらない素晴らしい相棒のクロード・フォー、いわば特別選挙参謀が補佐してくれた。それは熱狂とアイデアの沸き立つ、うっとりするような経験だった。まるで次に備えて足慣らしをしているようで、一九六七年五月五日の夕刻、結果的には、たしかに敗北に終わったが、わたしを鼓舞してくれるものだった。幅の広い多くの人たちを説得したいというわたしの欲求はますます強くなった。

一〇年後、一九七八年の総選挙はわたしに新たな冒険、前回とはまた違った素晴らしい冒険を提供してくれた。「ショワジール運動」という政治グループが結成されて、「女性のために百人の女性議員を」という衝撃的なスローガンを掲げ、多数の女性候補を立てることを決定したのだった。フランスではいまだかつて見たことのない、フェミニズムの歴史における一つの転機を画すものだった。けれど、わたしたちが選挙区の割り当てを依頼した政党は、どこも肯定的な返事をくれなかった。わかりました！　政党の力は借りない。わたしたちは、信念と連帯を武器に、独自の選挙戦に立ち向かおう。わたしたちはもう一つの武器として、『女性のための共通政策《プログラム》』を発行した。三六四頁あるその本には、十二の法案が含まれていた。素晴らしい本だった！　社会学者、医師、教授、弁護士、主婦、組合活動家など、七三人の女性が協力した注目に値する著作である。今日、この本を読む女性は、その大胆さ、ユーモア（というのも、女性が集まるととても面白いのだ）、そして何よりもこの本が次の一〇年間の政治的実践に与えた影響、その今日性に驚くだろう。

わたしたちには資金がなかった。でもだからどうだって言うの？　わたしたちには支援してくれるアーティストたちがいた。画家のマッタ・フィニとレオノール・フィニ、風刺漫画家のギィ・ブドス、コメディアンのベルナール・アレ、小説家のクリスチャンヌ・ロシュフォールやフランソワーズ・マレ＝ジョリス、歌手のジュリエット・グレコやマリ＝ポール・ベルという面々だった。漫画家のクレール・ブルテシェは、ショワジールのためのきれいなデッサンと「おてんば娘たちの戦いを応援して、少しばかりの『現ナマ』を同封します……。あなたたちだけが、この情けない選挙戦のせめてもの慰めです！」という言葉を添えて、小切手を送ってくれた。多くの個人からの小口の寄付金も、わたしたちが選挙ポスターに記した主張への賛同と期待を込めたメッセージとともに届いた。たとえば、「コンコルド〔英仏共同開発による超音速旅客機、一九七六年就航〕一機をつくるお金があったら、保育園の入園数五〇万人分と新たな就職口三万人分に当ててほしい」といったメッセージだ。わたしたちが掲げた「政治は男だけに任せておくにはあまりにも重要なことだ」といったスローガンも人気を博した。

何という選挙戦だったことか！　奇抜で、創造性豊かで、寛容な選挙戦。「反・職業政治」という標語が見事に遂行された。候補者たちの謙虚で控えめな、型にはまらない演説、嘘や誤魔化しを許さないぴりぴりするような誠実さ。彼女たちの典型的なプロフィール？　たとえば、年齢は三九歳、子どもが二人いて、夫がいる人や離婚している人、経済的に自立していて、第三セクターで働いている女性、といったところかしら。ショワジールに反感をもつ人たちがつくった風刺的なイメージ、過激な女性闘士《ペトロルーズ》とか反旗を翻した欲求不満の女といったイメージとはほど遠い女性たちだった。わたしたちは、「どういう目的で立候補したのですか」と絶えず質問された。質問は暗に、「あなたたちが当選する可能性はまったくないのだから、何か別の魂胆があるのだろう」という意味を含んでいた。だけど、女性たちが発言の機会をもつようにすること、そのこと自体が目的ではないのだろうか。百人の女性たちの被選挙資格は絵空事ではないことを証明すること自体が目的ではないのだろうか。女性による、女性のための政策《プログラム》によってこの大きな不均衡を埋め合わせることは緊急ではないのか？「もし未来が男性だけの手によって築かれ、女性は待っているだけだったら、その未来はちぐはぐな片手落ちのものになるだろう」と、わたしたちの運動についてマスコミに説明しながら、わたしは力説した。

壁に貼ったわたしたちのポスターはたちまち格好の標的になった。「あばずれ」といった類のわいせつな言葉の落書きが、ショワジールの候補者たちの顔の上に書きなぐられた。特に、極右の落書きは、アラブ風に「ジゼル・ベン・アリミ」とか、「ショワジール＝白人人種の暗殺者」とか、明確に人種差別的な調子で際立っていた。メディアの反応は前回より好意的だった。すべてが今までにないことだった。わたしたちが立てた候補者たちは、政治の伝統的な闘士たちに比べて生き生きしていた。自分の子どもを膝にのせたままインタビューに答える候補者もいた。フランス社会に、何かが起きようとしていることに気づかずにいることはできなかった。『リベラシオン』紙は「女性たちは世界を、あるいは選挙を変えるだろうか」という見出しの記事を載せた。けれどもフランス国内の新聞はすぐに飽きて、昔ながらの伝統的な政党のほうへと戻って行った。それに対して、世界中（アメリカ、ブラジル、ドイツ、イタリア、スカンジナビア、日本など）のテレビ局はわたしたちが行くところ、町から町へと、信じられないほど熱狂的に付いてきた。わたしは自分の選挙区のパリをお留守にして、モンペリエからクレルモン・ド・ロワーズへ、ルアーブルからトゥールーズへ、マルセイユからサンテチエンヌへ、ポーからナント、ニオール、ボルドーへと走り回った。勇敢で向こう見ずな候補者《カミカゼ》たちを応援に行ったのだけれど、その度にわたしのほうが激励された。聴衆も、他の選挙では出会ったことのないようなとても良い理解力を示してくれた。昔ながらの退屈な長話とはまったく異なる、人生のさまざまな断面が話し合われた。絆が紡がれ、試練が共有された。討論、感動、言葉、社会参加、どれも従来とは違う新鮮さがあった。「女性たちがこの国に生み出した希望――それはもはや後戻りするものではありません――、その希望が、日曜日の選挙で、わたしたちの民主主義において現実の生命をもつようにしようではありませんか。勇気をもって女性に投票しましょう！」と、選挙戦の最終日の夕方、わたしは叫んだ。そして堰を切るように、サンバのリズムにのった踊りの輪《ファランドール》が始まった。なんて賑やかで楽しかったことか！　またとない瞬間だった！　あれほどの自由、解き放たれ自律した存在としての幸福感、生きている喜びに、その後ふたたび出会ったことはなかったと思う。一九七八年三月一一日のあの輝かしい夜明け、わたしたちは陶然として、全員が当選すると思っていた……。結果は全員落選。ショワジールの得票数は平均一・四五％で、一回戦で敗退した。選挙戦のあいだ、わたしたちは人々を驚かせ、興味を引き、心をとらえた。だけど、それでは足りなかったのだ。〔当選の見込みのある候補者に〕「有効票」を投じるという考えのほうが勝ったのだ。投票した人たちは、男性も女性も、女性は政治には適していないと決め込んで男性市民だけを解放した一七八九年の大革命のときの「女嫌いな悪魔たち」に屈したのだ。

アニック・コジャン
それでも、あなたは三年後の一九八一年六月の国民議会選挙に立候補なさったのですね。なぜそれほど固執したのでしょうか？　あなたは弁護士という職業をあんなにも愛し、大きな名声も得て、本当に関心のある事件や訴訟しか引き受けないという自由もあり、外国からも定期的に招待されていました。つまるところ、あなたはこのガレー船、代議士という苦労の多い過酷な職業に乗り込んで何をしようとなさったのでしょうか。

ジゼル・アリミ

ガレー船というイメージはかなり正しいですね。というのも、わたしはとても失望しました。政治は、自由で自立していることに執着する女性にとって、過酷な世界だということがわかったからです。人々はわたしを束縛し、さるぐつわをかませ、おとなしくさせようとしました。わたしは言うなりにはならず、反抗しました。そしてとうとう止める決心をしたのです。孤立し、党派に属してなかったわたしには、あまりにも男性中心的な世界で、自分の個性を発揮できる機会がまったくなかった。

とはいえ、当初は、そうできると信じていた。ショワジールが投票を呼びかけていたミッテランが五月の大統領選で選ばれた後、唯一社会党がショワジールに国民議会選挙で選挙区を与えることに同意した。だけど、ミッテランは大統領選中にはもっと気前のよい約束をしていたにもかかわらず、たった一つの選挙区だった。それが一つ目の失望だった。けれど、今度は、社会党の赤いバラの勢いにのって当選が手の届くところにあるように思えた。こうして、フェミニズムと左派政治というわたしが心の底から願っていた二つの社会参加《アンガージュマン》を両立できる機会が訪れようとしていた。わたしはミッテランの加護の下に、イゼール県〔アルプス山脈中にあるグルノーブルを県庁所在地とする県〕から急遽出馬することになった。彼は秘密めかして、「早く議員になってください。パリで、わたしはあなたを必要としています。お分かりでしょう？」とささやいた。わたしは夢中で挑戦した。本当にどうやってでも当選したかった。

わたしの個人的な話がまったく無関係だったわけではない。政治的な冒険に加わることは欠点を補うことだった。時おり極右が告発していた「外国生まれ」という製造上の欠陥、隠れた傷を消すことだった。そこにはまた、家系、貧困、無教養な環境、女性を下層国民としている社会に女の子として生まれた不運などに対して仕返ししたい気持ちもあった。フランスの保護領チュニジアに生まれ、フランス国民としては亜流でしかなかったわたしがフランスの国会議員として選ばれ、子どもの頃から敬愛していたフランス共和国の法律を「つくること」、それは過去のあらゆる屈辱を償うものだった。わたしは、少女時代に愛読したヴィクトール・ユーゴーのことを考えた。「生きている者とは闘う者である。心が固い意図で満ちている者である〔注12参照〕。」一九七六年に亡くなった父が、代議士という称号にうっとりして微笑みかける姿を想像した。「おお、わたしの娘《ヤ・ベンチ》よ、家族にとって何という名誉だ！」そうだ、国民議会に入る初めてのフェミニストの声になることができれば、それは名誉なことに違いなかった。

一九八一年七月二日、ブルボン宮〔一八世紀に建てられ、現在は国民議会議事堂となっている〕の議場に入った初日の衝撃的なイメージはいまも鮮明だ。黒っぽい色の服装の男性の大群が座席を占領し、そのなかにちらほらと、色彩のあるスーツを着た女性議員がばらばらに着席していた。息がつまりそうだった！　それはまさに、男女の民主的平等を宣言する一方で、男性の手中に権力の道具を奪い取った共和国の欺瞞の容赦なき表れだった。数字が雄弁に語っていた。女性議員は二八名、議員全体の五・七％だった。「男性と同じ条件で女性に選挙権と被選挙権」を与えた〔一九四四年の〕オルドナンスの後、一九四五年に行われた選挙では、女性議員は三三名だったのに。

それでわたしは、この登院初日に、選挙法改正の法案を提出する決心をした。女性不在で国の未来が構築されるのは受け入れがたかったからだ。それはフランスの民主制における最も重大な機能不全の一つだった。わたしは上院も下院も、すべての党の賛成を得られるような法案をつくろうと努力した。それは、〔人口三五〇〇人以上の〕市町村議会議員選挙〔比例代表制〕に関して、「候補者名簿に同一の性を七五％以上含んではならない」と規定するものだった。つまり、候補者名簿には少なくとも二五％の女性を載せなければならなかった。もちろんそれは最低限の話だった。わたしは実際はパリテ〔男女同数〕を願っていた。それこそは男女間の権力が平等に分配されるための唯一の方法だった。けれども、この男性優位の議会をこれ以上怖気づかさないためには巧妙に振舞わなければならなかった。なにしろ男性議員たちは、わたしがフェミニズムという言葉を使うたびに、焼き払われるブラジャー[40]や去勢された男たちを想像して、怒りと混乱のどよめきを背景にあらゆる種類のひやかしの声を発したのだから。喧々諤々の議論を重ねた末に、おそらく選挙民の五三％は女性だということを考えて、彼らはついに譲歩した。こうして法案は、〔一九八二年七月に〕両院で、ほぼ満場一致で採択された。ところがその後、当時、全員男性で構成され、保守主義と女性蔑視で知られていた憲法院によって無効にされる。クオータ制は憲法違反であると決定されたのだ。[41]ミッテランを筆頭に男性政治家たちは胸をなでおろした。法律が「選挙によって選出される議員職及び公職への男女の平等なアクセスを促進する」ことが可能になるためには、ようやく一九九九年に実現した憲法改正[42]

40　一九六八年九月、フェミニストによるミスアメリカ・コンテストへの抗議のデモで、ブラジャーやコルセットなどが用意された「自由のためのゴミ箱」に投げ入れられたパフォーマンス。公道での焼却は禁止されていたので、実際には焼かなかったが、「ブラジャー焼却」は当時のフェミニズム運動のキャッチフレーズになった。

41　女性のみを優遇する措置を取ることは、「全ての市民は、法の下に平等である」とする一七八九年の人間及び市民の権利宣言、ならびに憲法第三条の「国民のいかなる部分……も主権の行使を独占することはできない」に違反するというのがその理由だった。

42　この憲法改正により、翌二〇〇〇年に男女同数候補を義務づけたいわゆるパリテ法が成立した。その後も、さまざまな形で、国政及び地方の選挙制度に係わる法律の制定及び改正が重ねられ、パリテが目指されている。その結果は、例として国民議会選挙についてみると、女性議員数はパリテ法制定前の一九九七年の選挙での一〇・八％から、二〇一七年の選挙では三八・七％に増加している。

が必要だったのだ。わたしはジャン゠ジャック・ルソーが『エミール』のなかでソフィーに与えた「女性の品位は目立たないようにしていることだ。なぜなら女性の仕事は家庭の管理をすることだけにとどめておかなければならないからだ」という戒めを思い出さずにはいられなかった。こうした戒めがいまなおわたしたちの旧弊な文化を形成しているのです。

ともあれこれは、いろいろ失望したうちの一つでしかない。わたしは社会党の党員になるのを拒んでいたので、社会党の会派に属してはいたものの、実のところ二流議員扱いを受けて、とても孤立していた。何よりもフェミニストとしての自由を優先していたので、わたしの取扱いは明らかに難しかった。社会党の国会議員団長だったピエール・ジョックスはわたしに対して仮借のない戦いを挑んできて、「アリミには手綱を締めなければならない。彼女は何をしでかすかわからない」と言っていた。わたしは公開の会議での発言時間を奪われ、報告書の報告責任者にしてもらえず、身動きできなくされた。それでもわたしは働いた。わたしはイゼール県の代議士として、地元での仕事が好きだった。わたしが窒息させられるように感じたのは、パリでだった。議会の演壇に立つ機会はめったに与えられなかったが、そうした非常に稀な機会に、わたしは笑いものにされた。わたしの洋服、声、身のこなし、すべてがからかいの種にされた。わたしは自分が夢見ていた役割を演じることが出来なくて、とても悲しかった。とはいえ、わたしは全力で取り組んだ。

わたしは任期中に、女性の権利を拡大し女性の生活を改善するために約一〇本の法案を作成し、提出した。議員になる前にもすでに、ＩＶＧ〔女性の自由意思による妊娠中絶〕にかかる費用の払い戻しを提案して、社会党議員団及び政府にこの法律を採択させるように促していた。[43] わたしはまた、強姦の犠牲者に関する素行調査の禁止や、青少年向けの広告における性差別へのあらゆる教唆の禁止を提案した。さらに、女性が自分の姓を子どもに継承させる権利、離婚後の養育費の保障基金の創設、父母が交代で取れる有給の育児休暇制度など、「ショワジール」で検討した事柄を提案した。けれど、どの提案も議事日程に組み込まれることはなく、したがって議論されなかった。当時の社会党議員団には主導権があったので、やる気があればできていただろう。しかし、彼らは「ショワジール」の提案のいくつかを女性の権利省に回すほうを好んだ。かくして女性の権利省は、政府を――そしてミッテランを――、フェミニズム的意志という栄光で包んだのだ。わたしは完全に蚊帳の外に置かれた。

43　一九八二年一二月三一日の法律により、遂に中絶費用の社会保険からの一部償還が実現する。その後、何度かの法改正を経て、二〇一三年からは中絶にかかわる費用の一〇〇％が還付されている。

ああ、そうだわ！　それでも、弁護士の誓約文を改訂することができました。一九四九年にチュニスで宣誓しなければならなかったとき、あれほどわたしを悩ませた誓約文を新しくすることができたのです。この私的な喜びをかなえたのは、弁護士による法廷内犯罪に関する報告を任されたときだった。公権力、法廷、あるいは公序良俗に対する服従や畏敬の念の証しを示すのはもうお終い。今後、誓約は次の言葉だけになる。「わたしは弁護士として、品位、良心、独立心、そして人間性をもって、弁護し助言することを誓います。」これらの基準は、基本的に、わたしたち弁護士の倫理的責任を問うものであり、権力や慣習に対して批判的である全き自由を残している。その後、一九九〇年の法律において、誠実さへの要求が付け加えられる。時代を反映する特徴だ……。わたしはまた、同性愛罪を削除する法案の報告者になることもできた。もっとも、この問題に関しては報告者になりたがる対抗馬はあまりいなかった。でもわたしには、ともかく、国家が個人の愛情生活に干渉することは馬鹿げているし、理解しがたいと思えた。それでわたしは、この問題に熱心に取り組んで、刑法における同性愛者差別の廃止、つまり同性愛は犯罪ではないことを主張した。元法務大臣は、わたしを非難して、フランス中を乱痴気パーティの場にしたいのかと迫った。想像できますか。まったくの時代錯誤で、わたしたちの考えとはかけ離れていました。

フランソワ・ミッテランについていえば、彼はわたしを丁重に迎え入れて、耳を傾けてくれたものの、何も助けてはくれなかった。わたしは彼のフェミニズムには騙されなかった。彼は古いタイプの政治屋で、女性に対しては、旧弊なパターナリズムのしみついた甘い言葉《ギャラントリー》と誘惑で気を引くといった関係を保っていた。男女の不平等を思いやる感受性もなければ、もっと女性たちに配慮して、責任のある地位につけるといった真剣な意気込みもなかった。若干の例外は別にして、彼が女性を昇任させたのは、彼女たちの盲目的な支持を確信したときだけだった。ヴァレリー・ジスカールデスタンとは違って、ミッテランは中絶には徹底的に反対であり、公約していたにもかかわらず、中絶費用の保険による払い戻しを定めた法律を出来るだけ遅らせるようなことさえもした。確かに彼は成長した。たとえフェミニストたちの派閥を自分のほうに引きつけるためにすぎなかったとしても、彼は巧妙に女性の自由への要求と折り合いをつけもした。けれど、彼はわたしたちの考え方、わたしたちの怒り、わたしたちの感受性とはあまりにもかけ離れていて、改革のための真の同志ではなかった。

前に話したようにピエール・ジョックスはわたしを「石頭」だと非難して、何度となく侮辱したり叱責したりしたので――彼はわたしを「まったくうんざりさせるやつだ！」と考えていた――、わたしは国会を離れる決心をした。そこに席を占めることにもはや何の意味もない以上、自分の自由を取り戻し、自分の生活にもどるべきだった。とはいえ、公に辞職して、左派が負けることになるかもしれない補欠選挙を招くことによって、物議をかもす気もなかった。それでわたしは選挙区での仕事は次席者[44]に任せて、外務省から委任された「国際機関の危機に関する調査」のための六ヵ月間のミッションを引き受けて、こっそり身を退いた。それに、この調査は非常に興味深いものだった。わたしの国会議員としての任期は三年二ヵ月一九日に及んでいた。

最後にもう一度、大統領官邸でわたしがミッテランと面会したとき、彼は「さて、あなたをどう処遇すればよいでしょう」と問うた。銀行の取締役？　大使？　ニューデリーはどうでしょう……？　彼は熟慮しているふりをした。わたしは、国家元首の至上権に調子を合わせて、いい気にさせておいた。任命し、罷免し、再び任命し、恩恵を与える……、そういったことは彼の権限下にあり、思いのままだった。君子のお仕事。最小限言えることは、ミッテランはそうした権限を女性の昇進のためにもてあそぶことはなかったということだ！　結局わたしは、ハバナで、一九八五年三月の国際女性デーに参加し、フィデル・カストロに反体制派の一人の出国について交渉していたときに、フランスのユネスコ大使に任命されたことを知った[45]……。

でもわたしはすぐに、弁護士の仕事に復帰した。この仕事にどうしようもなく強く愛着していたからだ。正義／裁判こそはつねにわたしの生き方の基盤だった。わたしの酸素だった。こうして、わたしは法廷という道に戻ることに幸せを感じた。もちろん並行して、「ショワジール」の会合にも出席した。会合は、以前にも増して熱気があり、独創性に満ちていて、当時、大きな論争になっていた売春、暴力、「受け入れ母 mère d'accueil」あるいは「貸し腹 location de ventres」[46]、パリテ……について議論をかわした。それからEU、そう、女性たちのヨーロッパについて。

一九七九年にシモーヌ・ヴェーユが議長になった、初めての普通選挙によるEU議会の成立以来、わたしは、EUに対してもはや単に国家間の共同体ではなく、人民による一つのヨーロッパの創設という大きな希望を託していた。女性たちが責任を分かち持つことが条件だ。そしてまた、この女性市民の共同体が女性の地位を向上させることが条件だ。つまり、女性に関す

44 フランスの国会議員は立候補するときに、次席者 suppléant を決めておかねばならない。次席者は議員が死亡、入閣、期間六ヵ月以上の政府ミッション、憲法院裁判官に就任などの場合に議員の仕事を代行する。ただし、病気や辞任の場合は補欠選挙により、新たな議員の選出が必要になる。

45 こうして一九八五年四月から一九八九年九月までフランスのユネスコ大使を務めた。

46 現在は「代理出産 gestation pour autrui」という言い方が一般的。

る法制に関して、すべてのヨーロッパ女性がＥＵ加盟国の法律のなかで最良のもの、最も進歩的で、最もフェミニスト的なものを享受するべきであるという考えだ。共同体を構成している国の一つで施行されているヨーロッパ最上の法律を他のすべての加盟国にも適用するべきである。それこそが理想の共同体だ。わたしはこの計画を「ヨーロッパ女性の最恵国条項」と名づけた。前進しなければならない。理想のヨーロッパを夢見るべきだ。理想とともにヨーロッパを建設すること、それによってすべての人の生活を改善すること。わたしは、ショワジールの機関誌、『女性の大義を選択する』の一九七九年五―六月号の論説を「わたしは現在のヨーロッパに納得はしない、わたしはヨーロッパを変えたいのだ」と題した。そう、わたしは現実を覆したいと思っていた。

残念ながら、この計画は、他のもっと緊急を要する闘いのために中断しなければならなかった。そして後になって、わたしたちは左派政権によるフェミニズムの前進という幻想によって時間を無駄に費やしたことに気づいた。ショワジールが先の計画にふたたび着手して、女性にとってより平等で好意的なヨーロッパを考案することを決めたのは、二〇〇五年に、ＥＵ憲法条約にフランスが「反対」した[47]あの激震の後だった。すべての女性が利益を得るような、わたしたちがついに「賛成」と叫ぶことができるようなヨーロッパを考案すること。

構想？　とてもシンプルよ！　ＥＵ加盟二七ヵ国における特に女性に関する法律、たとえば、私生活（出産、中絶、結婚、離婚）での選択、職業（職業教育、報酬、キャリア、退職後）、政治参加（パリテ）、女性が被っているさまざまな形態の暴力（ＤＶ、強姦、売買春）などに関する法律を「視察する〔詳しく点検する〕」こと。次にその中から収穫すること。つまり、どの国の法律が他の国と比較して、明らかに進歩的な法律かを把握すること。ある法律がスペイン女性にとって有益であることがわかれば、その法律はイタリア女性にとっても役立つのではないだろうか。もしスウェーデンにおいてうまくいっているのなら、その法律はオランダやフランスでも有益なのではないだろうか。そして、もちろんヨーロッパどこにおいても。目的は、法律によって、女性たちを一つに結びつけること。女性たちのために一つの――そして最上の――ヨーロッパ法を制定すること。進歩のダイナミクスにおける上昇を確かなものにすること。それがわたしの描いていたヨーロッパの未来だった。

この計画には信じられないほど多くの賛同者が集まった。フェミニストとして純粋に幸せだ

47　二〇〇五年五月二九日に行われたＥＵ憲法条約批准を問う国民投票では、フランス人の五五％が反対票を投じた。ジゼル・アリミも反対派だった。cf.井上たか子「ＥＵ憲法条約と男女平等について⑴、⑵」、『女性情報ファイル№85、№86』、日仏女性資料センター（日仏女性研究学会）、二〇〇五年九月、一二月。

った。数日のうちに、ショワジールのなかに担当チームが作られた。固く結束し、陽気で、すべてのヨーロッパ女性が前に向かって飛躍できるようにと決心したチームだった。新鮮で、非常に優れた、若き血潮。弁護士もいれば、法律家、教員、組合運動家、情報科学者、社会学者もいた。彼女たちにとって職業や私生活は二の次だった。彼女たちはやりくりして、週末の時間を空け、サン・ドミニク街のわたしの事務所に集まった。わたしたちは一緒に昼食をとり、食べているあいだも、「条項」について、カップル間の暴力に対して闘うためのスペインの法律のメリット、性教育に関するオランダのシステムの適切さ、親権に関するエストニアの選択、売買春に関するスウェーデンの選択について話し合った。そうはいっても、その間に、ピーマンのタルトのレシピについて情報交換したり、わたしのムッス・オ・ショコラのレシピ（わたしはずっと種明かしを拒否した）や、オディールが持ってきてくれたブルゴーニュワインの長所についても話し合った。フェミニストだって、皆と同じように、地の糧を賞味することに変わりはない。

夏のバカンスのあいだも、わたしたちの研究会と食事会は続いた。わたしは全員をドローム県の、木々の緑に囲まれた我が家に招いた。何て楽しかったことでしょう！　わたしたちは法律や図表、報告書などを前に、議論し、ののしり合い、夢中になった。わたしたちは長時間、仕事をし、自分たちの発見や前進に満足して、遠出をしたり、プールに飛び込んだりした。ヴィオレーヌ・リュカスがコーディネーターの役を務めて、三年間、みっちり仕事をし、毎日がパーティみたいな夏を三回過ごした後、その成果として二〇〇八年に一冊の本を出版した。『ヨーロッパ女性の最恵国条項』[48]だ。そして、パリで国際シンポジウムを開催した。ある人たちは、そんなものは夢物語にすぎないと言った。多くの人たちが、こうした条項を二七ヵ国に受け入れさせるための手続きを見つけるのは困難だと言った。でもわたしは、政治的意志の力を信じている。

ヨーロッパにおいて、今日もなお、すべての女性が中絶にアクセスできるわけではないことを、そのために健康や時には生命までも危険にさらしていることを受け入れることができるだろうか？　ヨーロッパ女性の三人に一人が身体的あるいは性的暴力の犠牲になっていることを許すことができるだろうか？　貧しい労働者たち――主に女性の労働者――が極貧のなかに見捨てられていることを運命だとして容認するべきだろうか？　こうした疑問のすべてにわたし

48　Choisir La Cause des femmes, *La clause de l'Européenne la plus favorisée*, Ed. Des femmes Antoinette Fouque, 2008. cf.井上たか子「EU二七ヵ国で女性の権利の観点から最も進んでいる〝法の花束〟(1)〜(6)」、『女性情報ファイル№95〜№99、№101』、日仏女性資料センター（日仏女性研究学会）、二〇〇八年〜二〇一〇年。

は「否《ノン》」と答える。とんでもない！

彼女たちのために最善を要求すべきである。スペインでは八週間の、百パーセント有給の父親休暇制度があり、生まれた子どもの世話に父親が母親と対等にかかわることができるとしたら、他のEU構成国もまたそうすることができる。女性の解放に役立つ法律は社会全体に恩恵をもたらすことはわかっているのだから。わたしたちの条項が主張する、最善のものに合わせるという方法は、女性たちの進歩のための強力な梃子であるというだけでなく、彼女たちの多くを苦しめている財政引き締め政策の影響から守ることにもなるはずだ。これは、ヨーロッパ市民であることに大きな意味を与える包括的な計画なのだ。一つ、確かなことは、ヨーロッパは女性なしにはあり得ないということ。ヨーロッパの未来は、女性の未来から生まれるのです。

第6章　女性弁護士として、いつまでも

アニック・コジャン
あなたが弁護士の宣誓をしてから七〇年以上になりますね。あなたのお住まいの建物の入り口には、いまも「ジゼル・アリミ弁護士事務所」のプレートが貼られています。そして五階にある事務所には、アルジェ、ボビニ、エクサンプロバンス、パリの法廷で身に着けていた弁護士の法服がいつでも着られるようにハンガーに掛けられています。

ジゼル・アリミ
あの法服はわたしの《お守り》なの！　一九四九年にパリで購入したものだけれど、あれを着ているといつも守られている感じがしました。だから、とても大事にしています！　もう何回も何回も数えられないほど修理をして継ぎはぎだらけだけれど。特にボタン穴は、何度も駄

目になって、つくり直してもらった。いつ終わるかわからない評決を待ちながら、黒い小さな一一個の貝殻ボタンをいじくる癖があったからなの。ボタンをはめたり、はずしたりするのを止められなかった。とても不安でした。依頼人のことを考えました。口頭弁論のことをもう一度思い出して、自問自答する。十分に説得力があっただろうか？　裁判官や陪審員たちの一人ひとりに視線を向けて、上の空に見えたり懐疑的な感じのする人には特に神経を集中して注意を引こうと試みたけれど、うまく注意を引くことができただろうか？　わたしは出来ることはすべてした。勝ちたかった。でも、裁判の結末はわたしにはわからない。そして、わたしはボタンをいじくりまわす……。

裁判の前の数夜がどんなものだったか、これまで話したことはありませんでした。夜と言うより徹夜と言うべきかもしれない。不安で胸を締めつけられるような夜明けがやってきて、わたしはコーヒーを立て続けに飲む。そんな数夜を過ごした後、いまやわたしはすべての関係資料を「熟知している」。ごく細かい点に至るまで、すべて検討してある。裁判の前夜には、町の中をあてずっぽうに、時には、シャン＝ド＝マルス〔セーヌ河と陸軍士官学校にはさまれた広場、エッフェル塔がある〕を横切って長い間歩き回ったこともあった。町の物音は耳に入らず、ひたすら事件のことに集中していた。どうやって無実を証明するか、あるいは罪があるとしても、同じ状況に置かれたとしたら誰も逃れることができなかったであろう「人間らしい」罪であることをいかに立証するか。たとえ犯罪者であっても誰もがもっている人間として譲ることのできない核を――必ずや――取り出して示すこと。夢中にならずにはいられない、ほとんど快楽といえるような訓練。この奇妙な幸せ――解けることのないしこりのような、みぞおちのわずかな痛みと勝ち誇った論証の昂奮が混じりあった幸せ――を知らない者は、刑事弁護士の仕事について何もわかってはいない。

こうして、いよいよ弁論の時が来る。それはいつも一か八かの冒険だった。法学部の教授の一人、アンリ・ソリュスはわたしたち学生の前で弁論術を実演してみせたが、彼は即興を奨励した。「メモを用意しなさい。しかし、弁護人席に着く時には、書いたものは何も持たないように。素っ裸で出廷するのです。」実際、わたしも弁論のための原稿を書いたり、練習したりしたことはない。小さいカードを用意して、そこに、言うべき言葉、覚えておかなければならない日付、場所、手掛かりになるディテールなどをメモした。わたし以外の人には理解不可能なとりとめのない、いくつかの情報だ。こうしてわたしは、相手をあらかじめ罠にかけて容赦のない論証に持ち込む決心を固めて、弁論を開始する。プランはなし。大雑把に一、二、三と決めるだけです。わたしは未知に向かって飛び込むのです。準備のためにやってきた仕事、知識、そして確信に支えられて。それから教養も不可欠です。わたしの考えでは、教養こそが、時として弁論の美しさ、力強さをつくり出し、いま裁かれている事柄を超えて、聴衆を引きつけることができるのです。かくしてわたしの責任において、もしうまくいけば、わたしは誰かを救うことができ、時には、一つの大義を前進させもするのです。でも、もし失敗したら……。

正義／裁判は、わたしの人生において最も重要な事柄でした。「わたしの」正義／裁判という言い方をすることさえありますが、それは、わたしがそこで生きていこうと決心した世界とほとんど一体になっていることを示しています。わたしは「わたしの」正義に絶えず一対一の水入らずで、問いかけ、立ち向かい、急《せ》き立て、決算を示すように求めてきました。わたしは正義に対して大きな希望を託したのです。そしてたくさんの要求をしました。頑固さの襷《たすき》をかけ、不敬を武器にして。こうしたまるで霊感を受けたかのように選びとった弁護士という職業には、当然ながら、私生活の重みもからまってきました。なぜなら、女性としてのわたしの生活は、わたしの職業の重要な場面の一部をなしているからです。わたしは反射的に、女性であることを示すeをつけて「女性弁護士ジゼル・アリミ」と書きますが、その時わたしはこの「女性弁護士」という言葉に、わたしの人生の、女性であり弁護士であるという解きほぐすことのできない二つの行程の混じり合いを、それがもたらす胸の引き裂かれるような思いとともにに、こめているのです。たとえば、アルジェリアのナショナリストたちを守るためにパリの弁護士たちが始めた空輸作戦[49]に参加することは、わたしの女性としての生活、二人の幼い子どもたちの母親としての生活を二の次にする決心をすることではなかったでしょうか？　自分の家族への影響など全然心配していない男性の同僚たちにならって、ひたすら出来事の流れを動かそうという意思だけに駆り立てられたわたしは、母親失格だったでしょうか？

午前中にアルジェリアの軍事法廷で弁護していた同じ日に、パリの子どもセンターに預けていた息子の一人が体調を悪くしたことや、あるいはまた、もう一人の息子がひどい盲腸炎で入院したことがありました。息子たちのそばに駆けつけるための綱渡りをしながら、わたしは長い間、問題に向き合うのを避けてきました。そうした綱渡りは危険で、ものすごく罪悪感をもたらすものでした。おまけに母からは、わたしが子どもの世話を頼んでいる乳母やオペアの女子学生は「お金目当て」だとか（母は彼女たちが「虐待している」と思っていた）、「アラブ人を

49　この空輸作戦 pont aérien は、一九五七年に反植民地主義のフランス人弁護士たちが、フランスからの独立を目指すアルジェリア人ナショナリストたちを弁護するために始めたボランティア活動で、裁判のためにパリとアルジェの間を飛行機で往復するという非常に危険なものであった。参加した女性弁護士として、アリミの他にも、ニコル・ドレフュス〔一九二四―二〇一〇〕などの名が残っている。cf. http://maitron.fr/spip.php?article2971

助けるために」自分の子どもをないがしろにしているとか言って、責められました。わたしは耐え忍びました。「歴史」とわたしの生活は一体になっていて、「歴史」がわたしの生活のすべてを占めてしまいそうだった。わたしは、まさにそうありたいといつも願っていたような「主体としての女性」でいました。でも世界はまだそれに適応していなかったのです。それでわたしは良心の呵責で二つに引き裂かれました。男性と同じように行動しながら女性として評価してもらうこと、わたしはその両方を望んでいた。敢然として熱心に自分の仕事に取り組みながらも、子どもを愛撫し、ベッドで本を読んであげることを諦めないと心に決めていた。だからいつも、大きく引き裂かれていた。睡眠時間をけずり、一方では、死刑囚の名前が次々に響きわたる軍事法廷での弁論のための考えられないような曲芸、もう一方では、幼い息子たちジャン＝イヴとセルジュを預けている女子学生に子どもたちの食事や時間割について細かい指図をする。もっと後には、アルジェリア関連の仕事の慌ただしさからは解放されたものの、一九六四年に生まれた、まだ幼い三番目の息子エマニュエルと朝ご飯や晩ご飯を一緒に食べられるように、女性解放運動に関連した裁判、キャンペーン、ミーティングの間をぬって、電車や飛行機に時間ぎりぎりに跳びのってとんぼ返りの出張を繰り返した。前にも言ったけれど、わたしは法廷の中に自分の人生を持ち込んだのです。わたしの人生とわたしの怒りのすべてを。弁論によって世界を変えること……何たる計画でしょう！

一人の男性がわたしを理解してくれました。幸運でした。六〇年のあいだ、わたしに付き添い、支え、助けてくれた男性。その人が亡くなったいま、わたしはものすごい喪失感を味わっています。彼はフェミニストでした。彼ほどフェミニストだった男性に出会ったことはありません。彼とわたしは、根本的な事柄について多くの点で意見が一致していた。彼はいつも一緒に闘ってくれた。エマニュエルの父親の、クロード・フォーです。わたしたちは一九五八年一二月三一日に知り合い、一九六一年二月二一日にパリ十区の区役所で、詩人のルイ・アラゴンとタピスリー画家のジャン・リュルサを証人に、結婚した。50 彼はパリの弁護士会に登録していて、弁護士会主催の〔二百年の歴史をもつ〕弁論コンクールでも名前を知られていた。でも、若い頃から、彼の情熱は詩を書くことだった。サルトルに小説の原稿を送り、サルトルは「出版するべきだ。あなたは作家だ」と言った。そして、「秘書が一人必要なんだが、わたしと一緒に仕事をして、執筆を続ける気はないか」と付け加えた。こうしてクロードは、ジャン・コーの後を継いで、ボナパルト街四二番地のサルトルの秘書になった。こうして、非常に大きな偶然によって、わたしとサルトルとの関係もまたさらに緊密になったのです。

わたしたち夫婦は何をするのも一緒だった。とても深い愛情で結ばれた相棒だった。わたし

50　この結婚の後も、ジゼルは、最初の夫の姓、アリミを名乗っていた。

たちはよく話をした。いつも話し合っていた、本や、政治（彼は共産主義者で、「自由」の詩人ポール・エリュアールに心酔していた）、裁判、芸術について話し合った。そして女性の大義についても。それは彼にとっての大義でもあった。だいいちわたしは、女性の大義について理解できないような男性とは、一緒に暮らせなかったでしょう。そんなことは不可能だった。わたしが朝、目を覚ますと、彼はもうその日のニュースに目を通していて、わたしの関心を引きそうなことをピックアップして、告発すべき性差別的な発言とか彼が許せないと判断した無礼な態度などをメモしてあった。彼はわたしがそうした言動に対して反応し、抗議し、微塵たりともそのままやり過ごしたりしないように促しました。わたしたちは一緒に声明文を書き、彼はいつもアイデアや忠告を与えてくれた。「ねえ、この問題を検討するべきだよ。これは女性を前進させると思うよ」といった具合に。そして、彼の人となりと同じようにしっかりしたきれいな筆跡で書いた何ページもの紙を差し出すのだった。しばしばわたしは反発しました。でも、彼のメモを読むことで、自分の発言を研ぎ澄まし、率先して行動したのです。

アルジェリア戦争に対する抗議行動をした時も、警察にこん棒で殴られて病院に運ばれた時も、わたしたちは一緒だった。公判を聴きに行ったり、刑務所に面会に行ったり、さまざまな政治集会に参加した時もいつも一緒だった。わたしが、脅迫や危険をかえりみず、政治的に難しい状況で発言した時には、彼は会場の後部座席に陣取って、見張ってくれました。わたしは壇上から、わたしをそれとなくガードしてくれているずんぐりした体躯と銀髪を見分けることができました。「ショワジール」の活動に実際に参加してくれた唯一の男性でもありました。事務所での会合に出席し、会報のレイアウトをし、資金を見つける努力をしてくれた。「彼はわたしたちより熱心だわ！」と仲間の女性たちはふざけて言ったものです。みんな、わたしを羨ましがっていたと思います。

わたしが選挙運動に熱中していた時、彼は傍観することもできたはずです。でも彼はそうするどころか、逆に、参加することを引き受けて、運動の計画を立て、より実り多いものにしてくれたのです。もちろん言い合いもしました。何度となく、彼を男性優位論者だと非難したことさえありました。彼はこう答えたものです。「あなたたちフェミニストは、カップルで生活するには、まだ十分大人になれていない」って。理論と日々の実践とを両立させることは、世界を変えようと望んでいる人たちにとって、誰もが行き当たる試練です。わたしたちはそれを一緒に乗り越えた。フェミニストとして、固く結束して。とても楽しかった。

たくさんの友人が行動を共にしてくれたからです。家はいつも友人たちでいっぱいでした。

中でも、サルトルとカストールは特別な場所を占めていました。サルトルは、男性といるより女性といるほうが好きで、わたしにとって優しい友だちでした。カストールのほうは、一歩も引かない闘士で、女性の条件についての鋭い分析はいつもわたしを感心させました。彼女はその主著、『第二の性』について、「細かいことを除いて、わたしはまた同じことを書くでしょう」と言っています。[51] わたしたちの闘争の基盤になる重要な手段を提供したことがわかっていたからです。『レ・マンダラン』については、この本も夢中になって読みましたが、カストールはある日、無意識のユーモアで、「そうなのよ。この小説は作者にゴンクール賞をもたらした。誇張してはならないけれど、結局のところ、それほど悪い作品ではない」と断言しました。彼らと共に過ごした楽しい夕食のことを思い出します。女優のズークや作家のポワロ＝デルペシュ、仲良しのクレール・ブルテシェ。それから、フランソワーズ・サガンもいました。フランソワーズは、わたしの息子たちをスポーツカーでドライブに連れ出して、最高時速を出して、彼らのハートをつかんでいたのよ。わたしは、恐ろしくてふるえながら、駄目だと言えない自分を呪っていた。

クロードとわたしの結婚の証人だったアラゴンとリュルサには、エマニュエルの代父にもなってもらいました。リュルサはエマニュエルに、「神々は代父のようなものだ。長髪で、大声でがなり立て、気難しく、もったいぶっている」という言葉を添えて、ケンタウロス〔ギリシア神話の、腰から上が人間の姿をした馬身の怪物〕が描かれた石版画《リトグラフ》をプレゼントしてくれました。アラゴンは自分の本の中から、とても美しい装幀の私家版『オランダの旅』を選んでくれました。献辞には「エマニュエルへ。君の蔵書がチューリップの花と共に始まることを願って」と記されていました。彼とエルザ・トリオレ――忘れられていることが多いけれど、彼女はゴンクール賞を受賞した最初の女性作家です――のカップルは、いつもわたしを楽しませてくれた。ある晩、わたしの家の客間で、アラゴンが興に乗って長々と話していた時のことが、いまも目に浮かぶようです。エルザが彼を遮って、ロシア語訛りの、rの音を転がせるような発音で、「ルイ、もう止めるる〜といいわ。みんな退屈してるのがわからないの」と言うので、「そんなことはない」と抗議しながら、わたしたちは笑いをこらえられなかった。もちろんルイが退屈させることなどなかった。でも、エルザは独特な人柄で、遠慮容赦なく、ルイに厳しい小言を言うのを止めない。そして彼のほうは、芝居がかりな、狂おしいほどの愛に満ちた眼をして、ソファーに腰かけた彼女の足元に陣取っていた。クロードは、学生の頃にアラゴンと知り合い、一種の尊敬の念を抱いていた。彼らは一緒に、詩について語らい、アラゴンは「ねえ君、聞き給え……」というのが口癖だった。わたしは、ニースにある父の墓石に、「美しい

51　cf. ボーヴォワール著、朝吹登水子・二宮フサ訳『或る戦後』上、紀伊國屋書店、一九六五年、二一〇頁。

世の中に生き残る君……」[52]という、彼の詩の一節を刻ませたほどです。わたしたちの周りにはいつも詩人たちがいました。わたしはエリュアール自身は知らなかったけれど、三人目の妻で、彼の詩の女神《ミューズ》だったドミニクとはとても親しくしていました。「パブリト」と呼んでいたパブロ・ネルーダ[53]も常連で、「悲しい目をした美しい女《ひと》」と呼びかける詩を献じてくれました。なるほど、彼は、わたしがサルバドール・アジェンデ大統領[54]の招きでチリまで行ったものの、バルパライソ[55]に向かう道路で自動車事故に遭い、何とも情けない状態で帰ってきたところを見かけたのでした。それから、エメ・セゼールも忘れることはできない。彼の詩集『帰郷ノート』は、わたしを燦燦《さんさん》とした陽光で満たしてくれた。ボビニ裁判を間近に控えていた時、彼は「どんな場合でも、僕はあなたたちの味方だ」と言って、誠実かつ貴重な支持を約束してくれた。彼には、「フェミニスト」という言葉などぜんぜん恐くなかったのだ。

この裁判では、「科学者の応援団」もいた。最初に連絡を取ったのは、生物学者のジャン・ロスタン。彼はわたしに会いに来るように言い、パリ郊外の家を訪れると、お茶を入れてくれた。それが「ショワジール」の始まりだった。ノーベル医学賞の共同受賞者、ジャック・モノー教授とフランソワ・ジャコブ教授も、いつも支援の姿勢を示してくれた。それから、社会問題に積極的にコミットしていたアメリカの知識人で、言語学者、哲学者のノーム・チョムスキー。彼とは一九六七年にボストンで出会ったのだが、自分の国に対してとても批判的で、公式の発言においても非常に自由に告発していた。わたしは自由で、情熱的な人が好きだ。アジャール事件の時に弁護をしたロマン・ガリも[56]、とても魅力的な人だった。シモーヌ・シニョレ

---

52 アラゴンが一九五五年に、一一年前の一九四四年にゲシュタポによって銃殺されたマヌシアン〔一九〇六―一九四四〕。アルメニア出身の労働者で、ジャーナリスト」と彼とともにフランスのために闘い死んでいった二三人の外国人レジスタンス活動家を記念するために書いた未完の小説から引用した詩、「忘却しないための詩 Strophe pour se souvenir」の中の一節。残していく恋人に、「やがて平和が訪れたら、結婚して幸福になってほしい。そして僕のことを思い出して」と呼びかけている。

53 パブロ・ネルーダ〔一九〇四―一九七三〕。チリの詩人・外交官・政治家（チリ共産党員）。一九七一年にノーベル文学賞を受賞。アジェンデ政権により駐仏大使に任命されていたこともある。

54 サルバドール・アジェンデ〔一九〇八―一九七三〕。チリの政治家。自由選挙によって選ばれた世界初のマルクス主義者の大統領。

55 チリの首都サンティアゴ・デ・チレの西方約一二〇キロメートルにある太平洋に面した都市。国会がある。

56 ロマン・ガリ〔一九一四―一九八〇〕は、一九五六年に『自由の大地 天国の根』でゴンクール賞を受賞したが、一九七五年にもエミール・アジャールの名で書いた『これからの一生』で、二度目のゴンクール賞を受賞した。しかし、ロマン・ガリとエミール・アジャールが同一人物だということが判明したのは、一九八〇年に拳銃自殺したガリが自殺の直前にガリマール社の担当者にエミール・アジャールが自分であることを記した文書を送ったことによる。一九七五年当時、ガリは甥のポール・パヴロヴィッチにエミール・アジャールのふりをするように依頼。アリミはアジャールの弁護士として、彼がゴンクール賞を辞退する意向であると述べたが、アジャールの真のアイデンティティは曖昧なまま賞は授与された。cf. https://fr.wikipedia.org/wiki/La_Vie_devant_soi

とイヴ・モンタンも、何度もわたしを応援してくれた。ジュリアン・クラークとミウ＝ミウのカップルも、大いに楽しませてくれた。同じく、親友のマキシム・ル・フォレスティエも、何回も内輪の夜の集い《ソワレ》をプレゼントしてくれて、ギターを奏でながら歌ってくれました。

でも、よく「可愛い弟」と呼んでいたように、わたしが選んだ弟はギ・ベドス〔一九三四―二〇二〇〕です。わたしたちは一九七六年八月に出会った。父エドゥアールにとって最後の夏だった。わたしは父のために南仏に家を借りていたのだが、それがたまたまベドスの家の近くだったのだ。わたしたちは一種の屈性《トロピズム》のように、互いに引かれあった。わたしたちにはたくさんの共通点があった。たとえば、生まれ故郷からの離脱《デラシネ》（彼はアルジェリアから、わたしはチュニジアから）、植民地精神の拒絶、人種主義の拒否、そして彼もわたしもイスラム教徒の環境に生まれて、宗教は、とりわけ女性に対しては、ある種の監禁にほかならないという考えをもっていたことなどだ。事実、わたしたちはいつもそばにいた。一九七九年四月に、ギと彼の妻ジョーに初めての子ども、ニコラが生まれた時、彼らはわたしに代母になってくれないかと言い、わたしはとても真剣にその役割を承諾した。代父には、ジャン＝ルー・ダバディがなった。そして四年後にヴィクトリアが生まれた時には、わたしの夫のクロードが代父になった。

こうして長い間、わたしたちは「ベドス一家」と夕食やパーティやクリスマスを一緒に過ごした。二つの家族はまるで一つの家族のようだった。ギはしばしば、手厳しい観客であるわたしたちをネタにした寸劇を作ってみせた。そうやって、わたしたちは笑いながら、自分自身の内心を覗いてみる機会を与えられたのだった。情け容赦のない、それでいて優しい愛情に満ちた人だった。わたしたちは、暦や慣習を馬鹿にして、不信心にもクリスマスを一月二五日に祝って面白がった。それはパーティの数を増やすことにもなったし、冬の厳しさを和らげる機会にもなった。

そのうち、わたしたちも年を取って、みんなと同じように一二月二四日の夜にクリスマスを祝うようになった。「わたしの可愛い弟」に最後に会ったのは、二〇一九年のクリスマスイヴに、サン・ルイ島の彼のアパルトマンで、ジョーが開いてくれたパーティだった。一族郎党、すべての家族がそろっていた。ヴィクトリアの娘で、生まれたばかりのゼルダもいた。夜中の〇時半頃、わたしと息子のエマニュエルは帰るために立ち上がった。けれど、コートやらパーカーやらを羽織りながら、わたしたちはふとピアノの前で立ち止まった。頭の中にいくつかのメロディーが浮かんできた。ニコラが陽気に、弾き始めた。ピアフ、バルバラ、モンタン、ジュリアン・クレール……。わたしは名付け子のそばに行き、彼の伴奏に合わせて歌った。ヴィクトリアも、ニコラを挟んでピアノの反対側で歌っていた。長老のギも、この即興のコンサートに惹かれて、近づいてきた。写真を撮ったり、笑ったり、抱き合ったり、少し踊ったりもした。真冬の寒さも嫌なこともすべてとけてなくなった。音楽の力……。皆で一緒にいる幸せ。夜が果てるまで。それがわたしのギとの最後の思い出。クリスマスの陽気な思い出。

「選択的親和性」と言う人たちがいるが、わたしは「選択的家族」という考えが好きだ。時代が過ぎて行き、友人たちが列をなして消えて行く、わたしの人生のこの非常に特別な時間において思うのは、わたしたちすべてを結びつけていたのは、人生の出来事に対する飽くなき好奇心や意欲に加えて、ルネ・シャールの「誕生して何も乱さないものは、敬意にも忍耐にも値しない」〔詩集『激情と神秘』の中の「蛇の健康を祝して」の一節〕という言葉への信奉だったということだ。

おわりに　松明《たいまつ》を手渡す

アニック・コジャン
あなたは、ルネ・シャールの言葉どおりに、大いに「乱して」きましたね。あなたは抗議し、要求し、大声を出し、口論し、弁護してきました。あなたは不公正な状況について世論を喚起して、大きな社会的論争を引き起こし、法律を改正させてきました。でも、あなたの大義はつねに女性のためのものでした。いまわたしたちの状況はどこまで進んできたのでしょうか？現在の女性たちにあなたは何を期待なさっていますか？

ジゼル・アリミ
わたしは女性たちが革命を起こすのを待っています。実際、どうしてこれまで革命が起きなかったのか、わたしには理解できません。怒りが表明され、あちこちで抗議が爆発した。そして、女性の権利を前進させた。でも、わたしたちはまだまだ到達点には至っていません。生活習慣や考え方、メンタリティの革命が必要です。何千年もの間、家父長制、言い換えれば男性の支配と女性の服従の上に築かれていた人間関係の根本的な変化が必要です。なぜなら、このシステムはもはや受け入れられないからです。いまやこのシステムはグロテスクだとさえ言えます。長い間、いわゆる能力不足を理由に、女性を権力や責任の場から排除することが正当化されてきました。教育のある女性は危険だと、当たり前のように見なされて、女性が教育を受けたり、良い学校に入ったりすることができないようにされてきたのです。でも、そういったことはもう終わりです。少なくとも西欧社会においては、女性たちは高等教育を受け、男性より優秀な場合さえもあります。誰ももう、女性には男性と同等の能力がないなどと言ったりはしないでしょう。女性も、少なくとも理屈の上では、どんな重要な職務にも就けるのです。高架橋を建設したり、原子力発電所を管理したり、戦闘機を操縦したり、重罪裁判所の裁判官になったり、銀行や、あるいは国を率いたりもできるはずです。でも、実際には……。

フランス社会は、いまや平等であると断言できるでしょうか？　問題は解決された、女性は男性と同じように平等な身分を享受している、女性たちはもはや二流の主体でも、二流の市民でもなく、意思決定機関において過少代表でもない、と断言できる人はいるでしょうか？　首相官邸での、年金問題に関する協議の場の写真を見ましたか？　シリアやイラク、アフガニスタンの平和についての議論の場の写真はどうでしょう？　そこにいるのは、男性、男性、男性ばかりです。二〇二〇年の現在において、これは仰天すべきことです。社会保険の保険証ナンバーは、女性は2から始まりますが、男性は1から始まります。これはもちろん単なる偶然ではありません。わたしたち女性は二番目の列に追いやられているのです。非本質的な者として、本質的な者の後列に置かれているのです。

わたしは子どもの頃、わたしの家族においても含めて、男の子と女の子の間にある身分や特権の違いに憤慨して、「不公平だ！」と叫び、怒りました。ところが、あれから八〇年経ったいまも「相変わらず不公平」なのです。世界のほとんどの国において、女の子に生まれるのは不幸な運命なのです。少なくとも幸運ではないのです。こうした現状を見るのはわたしには苦しいです。どうして反乱が起きないのでしょう？　地球上の人間の二人に一人が被害を被っている大きな不公平に対して、いったいなぜ抗議の津波が起きないのでしょう？　世界中のほとんどいたるところで、抑圧された人々が抑圧者に対して反乱を起こしています。奴隷たちも自らを解放しようとしています。それなのにどうして？　そうした動きに比べて、なぜ女性の大義は女性たちを結集させないのでしょうか？　立ち上がって、「うんざりだ！」と叫ぶために、女性たちはいったい何を待っているのでしょうか？

あまりにも多くの女性が、自分たちの抑圧に同意している。それはもちろん、馬鹿げていると思えます。けれど、何世紀も前から宗教や文化が結束して、この暗黙の同意をつくりあげてきたのです。女性たちは籠の中の鳥のように束縛されて、主人の差し出す花束や、理想的な主婦だというほめ言葉にだまされ、女神としてたたえられて、いい気になっている。フロイトが許嫁《いいなずけ》だったマルタに書いた手紙のことを知ってますか。「女性の運命はいまのままでいい。つまり、若いうちは魅力的で可愛く、人生の盛りには愛される妻であるという運命だ。」何ということでしょう！　バルザックはもっと臆面がなかった。彼は『結婚の生理学』の中で、「結婚した女というものは、王座に坐らせてやる術も心得ておかねばならぬ厄介な奴隷だ」[57]と書いています。女性に仕掛けられた罠を、これほど見事に表現することはできないでしょう。王座は牢獄です。女性たちはすぐにそのことに気づくけれど、傷を負わないですむように、名誉を守り身を守るために役立つことを必死で見つけようとしながら、諦めてしまうのです。結局は、男性支配のシステムを維持し、再生産することになってしまう。これは恐ろしいことです。これでは、女性の運命は、男性中心につくられてきた「歴史」の大きな抑圧を永続させているルールを逃れられない。つまり、抑圧が続くのは、抑圧されている者——個人であれ、国民であれ、人類の半分であれ——が同意しているからなのです。

だから、こうしたシステムを壊さなければならない。目を開かなければならない。各自が目を開いて、男女間の補完的な調和を信じ込ませるためにまことしやかに語られてきた世界ではなく、あるがままの世界を見るようにすることが必要です。作り話はもうたくさん。神話、宗教儀礼、映画や文学の古典的大作、そして少し前までは教育によって伝えられてきたプロパガンダは、もう御免です。そうしたプロパガンダが、科学者にしろ芸術家にしろ「歴史」に名前を残したのは男性だけなのだから、天才は男性でしかありえないと信じさせたのです。どんなに多くの女性の作品（音楽や絵画、文学における作品）が、彼女たちの夫や兄弟、仲間たちによって抹殺され、あるいは盗作されたかを知れば、恥ずかしくなります。クララ・シューマン、アルマ・マーラーのことを考えてみてください。あれほど才能があったのに、父親に「女のお前にはふさわしくない栄光は諦めて、弟に譲りなさい」と命じられた、あの気の毒なファニー・メンデルスゾーンのことを思い出してください。それから、コレット〔一八七三―一九五四〕、彼女はヴィリー[58]に盗作されたのではないのですか？　カミーユ・クローデルはロダンに嫉妬されたのではないのですか？　そして、ベルトと姉のエドマ・モリゾは？　マネは彼女

57　安士正夫・古田幸男訳『バルザック全集　第二巻　結婚の生理学』、東京創元社、一九七三年、五九頁。

58　一八九三年に一五歳年長のアンリ・ゴーティエ＝ヴィラールと結婚。処女出版された『クロディーヌ』シリーズは、夫婦合作とも言われるが、夫の筆名ヴィリー（Willy）の名で出版された。

たちの才能に感嘆する一方で、おこがましくも、「モリゾ姉妹の画は魅力的だけれど、彼女たちが男でないのは残念だ」などと書いているではありませんか。とんでもないことです！

そんなわけで、未来の世界を担う若い女性たちにいろいろ言っておきたいと思います。

まず第一に、経済的に自立すること。これは基本原則です。それこそは、あなたの自立の鍵、あなたの自由の土台、社会によって女性たちが長い間閉じ込められていた「生まれつきの」隷従から逃れ出るための手段です。「保護者」の権力に縛られていては、自ら投企する人間にはなれない。ご主人様に養ってもらい、その元を去ることなど問題外だとしたら、性的な満足が得られないときも、喜んでいるふりをしなければならないとしたら、本当の愛情関係をもつことができるわけがないでしょう？　生きる自由、選択する自由、暴力から逃れる自由、自由であるためにはそのための手段、たとえば職業や、社会的な関係、自分に対する尊敬の念などがなくてはなりません。そうしたものを手に入れるのは、経済的な独立です。バカロレア試験の準備をし、働くつもりでいる娘さんたちにとって、こんなことは言わずもがなの忠告に思えるかもしれない。でもわたしは、七〇年間、女性のために弁護してきた弁護士としての経験から話しているのです。経済的な危機が訪れると、いつもまず最初に影響を受けるのは女性なのだということを知っておいてください。最初に失業に襲われる犠牲者は女性なのです。非常に低賃金で、最低賃金生活者《スミカール》〔全産業一律スライド制最低賃金SMICで生活している労働者〕の最も大きな割合（三分の二）を女性が占めています。女性たちは、とりわけ、パートタイム労働を割り振られています。それは不当にも「選択時間」労働と呼ばれていますが、本当に選択しているのは一握りの人たちにすぎません。だから、野心を抱き、大きな夢を羽ばたかせてほしいけれど、まずは経済的に独立することが先決条件だということを見失わないでください。

第二は、自己中心《エゴイスト》になること！　わたしはこの言葉を意図的に用いています。驚きましたか？　お気の毒さま。でも、女性たちはあまりにもしばしば、自分の満足よりも、他の人たち、両親や子ども、伴侶、職業上の付き合い、家族の付き合いなどを優先しなければならないという気持ちにとらわれてきました。女性たちは、自分の気持ちを押しつけたり、要求したり、自分の欲望や野心を打ち明けたり、はっきりと前に出たりするのを恐れているのです。これは女性たちが生まれつき慎み深いからではありません。これはまさに、これまでの「歴史」が女性たちにこうした控えめな、さらには引っ込み思案な態度を命じてきたからにほかなりません。「女性はおとなしくしていなくてはなりません。人の邪魔になったり、目立ったり、競争心を燃やしたり、栄誉を求めたりしてはなりません。そうしたことは、男性のためのものです」というわけです。でも、反抗するべきです。そろそろ自分のことを考えるべきです。あなたは何が好きなのか、あなたを開花させて、全面的に自分自身であること、心行くまで生きることを可能にしてくれるのは何なのかを考えるべきです。慣習や伝統や「人が何て言うだろう」といったものを追い払ってください。嘲笑や嫉妬などは気にしないでください。あなたは大切な存在なのです。自分を優先してください。

もう一つ、付け加えます。どうしても子どもを産まなければならないという大昔からの命令を拒否すること。そうした命令には我慢がなりません。それは女性を「腹」にするものです。あらゆる権力を奪われて、長い間、女性には子どもを産み、人類を永続させるという運命しか残されていなかった。不妊症の女性（一方的に離縁されることも避けられませんでした）、あるいは「未産婦」を選択するのは不幸なことでした。子どもを産まないなんて、理解できないこと、さもなければ非難すべきことでした。「母親」であることは女性にとって最高のことでした。文学や、社会慣習、広告、法律がこぞって、母親のステレオタイプをつくりあげ、自己犠牲と自己忘却という後光で包み、台座の上に飾り立てたのです。女性は軽蔑するが、母親は尊敬する。子どもは母親の勲章です。高校生の頃、古代ローマのグラックス兄弟の母、コルネリア〔紀元前一八九―紀元前一〇〇〕が「これがわたしの宝物です」と息子たち〔後に二人ともローマの護民官になった」を誇らしげに示しているのを見て、どんなに感動したかを覚えています。息子たちの栄光は、彼らのために自分自身の生活を犠牲にしてまでも、時間と心配りとすべてのエネルギーをささげた母親の上に降りそそぐのです。典型的な、母親の手本です。

わたしも三人の息子を産みました。でもそれは、体制に順応したからでも、自分の代わりが欲しかったからでもありません。それは好奇心からでした。飽くことを知らない好奇心は、わたしの性格の根底にあるものです。フェミニストとしての好奇心。わたしは、妊娠、そして出産がわたしの身体に、わたしの人生に何を引き起こすかを知りたいと思ったのです。相変わらず夜を徹して読書したいと思うかしら？　相変わらずセックスをしたいと思うかしら？　音楽を聴きたいと思うかしら？　仕事を続けて、弁護をして、他の人たちと競い合うことが出来るかしら？　子どもを宿し、産み出すことは、わたしの生物学的な運命の究極的経験であるように思えたのです。それを理論づけるためには、本を読むよりも実際に経験するべきだと思ったのです。白状しますと、わたしは娘が欲しいと思いまし

『息子たちを宝物として示すグラックス兄弟の母、コルネリア』、アンゲリカ・カウフマン作、1785年頃、ヴァージニア美術館蔵

た。出産の度に、心から願いました。娘が生まれていたら、どんなに良かったでしょう！　一人のフェミニストにとって、男性たちが支配し考え出した世界の中で女の子を育てることは、どんな挑戦になっていたでしょう。もっている素質を引き出し、自らの力に気づかせ、自信を与えること。生まれていたら、そうなっていたであろう自由な女性を体現させること。要するに、フリトゥナがわたしから奪ったことのすべてを彼女に与えること。わたしはフリトゥナが大好きだったのに、彼女はわたしをほとんど愛してくれなかった。フリトゥナは息子に対しては、「わたしの息子、わたしの息子！」と優しくささやいたけれど、わたしを抱きしめることは拒み、キスしてくれることもなかった。フリトゥナ、わたしの母、わたしはあんなにも彼女の眼差しを求め、六〇歳を過ぎてからさえ、「ママ、どうしてなの？　どうしてわたしを愛してくれなかったの？」と、問わずにはいられなかった。

そうは言っても、母親であることだけが生活のすべてであってはならないと思います。母性本能というのは「歴史」の屑籠に捨て去るべき大嘘です。そんなものわたしは信じたことがない。そして人生は、わたしの直感が正しいことを示してくれた。だからわたしは強く言いたいのです。「自由になりなさい！」と。母性は義務ではないし、女性が人生を完遂するための唯一の手段でもない。母性は、自己検閲なしに考えてみる、熟慮してみる価値があります。なぜ子どもをつくるのか？　世界を救うため？　生命を再生するため？　足跡を残すため？　それは宗教による強制や、社会的な操作に左右されるものであってはならない。自由な決断、責任のある決断でなければならない。冷静に熟慮された一つの社会参加《アンガージュマン》でなければなりません。

四つ目に、これで終わりですが、自分がフェミニストだと言うことを恐がらないこと。フェミニズム、それは素晴らしい言葉です。フェミニズムは、決して血を流したことのない、勇気ある闘いです。それは、男性と女性の新たな関係、ついに自由の上に築かれた関係をつくり出す哲学です。個々人の運命がジェンダーによって割り当てられることのない、平和な世界を垣間見ることを可能にする理想です。そうした世界ではまた、女性の解放が男性の解放をも意味するでしょう。今後は男性も、男らしさの強要から解放されるのです。考えてみれば、彼らは何と重い荷物を肩に担いでいたことでしょう！

わたしの世代のフェミニストたちは勇敢に闘いました。わたしたちは改革を一つひとつ勝ち取り、それによってフランス社会全体に利益をもたらしました。たとえば、避妊、中絶、離婚に関する法改正、セクシャルハラスメントを犯罪として、強姦を重罪として認めさせたこと、政治におけるパリテや職業上の平等など……のためのさまざまな方策。わたしたちはいわば地ならしをしたのです。けれど、松明の火を消さないように引き継いでもらう必要があります。闘争は力学です。一度止まると、転げ落ちてしまいます。止まったらお終いなのです。女性の権利はつねに危機にさらされています。ですから、用心深く、戦意高らかに、敵の攻撃に備えてください。あなたの尊厳を侵害するような動作、言葉、状況、そうしたものは一つなりとも見過ごしてはならない。あなたの尊厳、すべての女性の尊厳を守らなければならない。組織し、動員し、連帯してください。ソーシャルネットワーク上で「わたしも」(#MeToo) と書き込むだけで終わらないでください。それはもちろん素敵なことだけれど、それだけでは世界を変えられません。あなたに必要なのは、挑戦することです。勝ち取ってください。相手が「授与してくれる」のを待っているのではなく、新たな権利を獲得してください。助け合いのネットワークをつくって――男性たちはずっと前からそうした助け合いのネットワークを利用してきたのですから――、女性同士の友愛《ソロリテ》を大切にしてください。ばらばらになっていては、女性は弱いです。でも、力を合わせれば、山をも移す力をもっています。この深く大きな動きに男性たちを同調させる力を持っています。それは人類の歴史における最も魅力的な変動です。

わたしは女性的な「本性」も、男性的な「本性」もどちらも信じない。典型的に女性的な、あるいは男性的な、「価値」や「特質」といったものも信じない。わたしたち女性をうまく封じ込むために男性優位論者たちが発明した「永遠に女性的なもの」も信じない。ご冗談でしょう。本質主義的な理論は、わたしの好みではありません。

でも、わたしたち女性が経験した不公平、排除、苦痛は、わたしたちにより一層の富を与えてくれたと確信しています。そして、気づかないうちに、家父長的な支配の歴史の中から、予想外の力を汲み取ってきたと信じています。歯をくいしばり、順応し、工夫を凝らし、抵抗しなければならなかったからです。欲望を抑えなければならなかったけれど、想像力は失っていない。欲動を制御しなければならなかったけれど、意志は強く保っている。才能を押し殺さなくてはならなかったけれど、感受性は弱まってない。おそらくは、むしろ強くなっている。それによってわたしたちは、他者に対するより敏感な感覚、疎外されている人たちへの寛容さ、弱者への共感……を与えられている。新たな資質といえるもの？　断言はできない。けれどわたしは知っている。抑圧された人たちのもつこうした価値――勇気や忍耐力、回復力――から、素晴らしい創造力が湧き出てくることを。

人はフェミニストとして生まれない、フェミニストになるのだ。

謝辞

この企画に付き添い協力してくれた忠実なアシスタントのサンドリーヌ・ドゥノに、とりわけ感謝する。

訳者あとがき

本書は、二〇二〇年八月にパリのグラッセ社から出版された*Une farouche liberté*（御しがたき自由への渇望）の全訳である。著者のジゼル・アリミは、奇しくも、その少し前の七月二八日、九三歳を迎えた誕生日の翌日にその生涯を閉じた。本書はわたしたち女性への、そして、共著者のアニック・コジャンが「序文」で記しているように、とりわけ #MeToo 世代の女性たちへの、アリミからの遺言だとも言えるだろう。少なくともわたしはそんな気持ちで、彼女が灯してくれた「松明の火」を未来へとつないでいくことを願いつつ翻訳した。

本書は、アリミが自らの生涯について友人のジャーナリスト、アニック・コジャンのインタヴューに答えるかたちで構成されているので、著者の紹介や作品の内容についての解説は蛇足であろう。本書を読み終えた方々の心中にさまざまに渦巻いているに違いない感動を尊重したい、壊したくないという思いも強い。

けれども、なぜわたしがこの本を翻訳したいと思ったのか、いささか個人的な経緯について記すことをお許しいただきたい。

読書は、出会いだと思う。著者が伝えたかったことが読者の心に響き、両者が連帯しあう瞬間。そうした出会いは、読者の人生を変えることさえある。

その意味で、わたしにとって最も重要な出会いは、一九六一年に朝吹登水子さんの訳で紀伊國屋書店から出版されたシモーヌ・ド・ボーヴォワールの『娘時代』だった。『娘時代』は『育ちの良い娘の回想』という原題が示唆しているように、フランスのブルジョワ階級に生まれ育ったひとりの女の子シモーヌが、伝統的な道徳秩序から脱出して、自由な知識人として巣立つまでの自己形成の物語である。当時、二十歳の東大生だったわたしは、自分の立場に居心地の悪さを感じ、漠然とした不安に苦しめられていた。『娘時代』を読んで、この苦しみの正体は「女らしさ」という規範なのだということに、そうした規範に縛られずに自分らしく生きていくべきだということに気づくことができた。わたしたち女性は、自律した意志をもった主体として認められるために、男性よりも一層執拗に闘い続けなければならないのだという覚悟のようなものを教えられたのだった。こうして、ボーヴォワールはわたしにとってかけがえのない存在になった。

だから、二年後の一九六三年に手塚伸一さんの訳で集英社から、シモーヌ・ド・ボーヴォワールとジゼル・アリミの共著、『ジャミラよ朝は近い――アルジェリア少女拷問の記録』が出版された時も、すぐに読み始めた。もっとも、ボーヴォワールの著作だと思って手にしたこの本は実質的にはアリミが編纂したもので、ボーヴォワールは「責任を分担するために」、共著者として名前を連ねていたのだった。当時、アルジェリア独立のために闘う人たちを支援することは命がけの危険なことだったのだ。実際、彼女にも、「気をつけろ！　爆弾で吹っ飛ばすぞ」といった類の脅迫電話がかかってきたという。[1]

こうして、わたしはアリミに出会った。衝撃的な出会いだった。彼女もまた、主体として生きることを求める女性だった。彼女はこの本のなかで、性的拷問に対して激怒し、正義と自由のために闘うことの凄まじさを身をもって示していた。本書（特に第二章、第三章）でも詳しく語られているように、アリミは弁護士として――当時はまだ女性の弁護士は少数だった――、植民地化された人々の解放のために闘わずにはいられなかったのだ。

本書（第一章）によると、彼女は十歳のときにハンガーストライキをして「初めての自由の分け前」を手にしたが、その後も彼女が飽くことなく執拗に求め続けた自由は、「もしそれが他の人たちの自由のために役立つものでなければ、意味がなかった」というのだ。

1　ボーヴォワール著、朝吹登水子・二宮フサ訳『或る戦後　下』、紀伊國屋書店、一九六五年、三四二頁。

また、本書では言及されていないが、彼女はベトナムにおける戦争犯罪を裁くために開かれたラッセル法廷（一九六七年）にも参加している。法廷メンバーとして参加したボーヴォワールの証言によると、[2] アリミは法廷メンバーを補佐する法律委員会の委員として、北ベトナムやアメリカ本土を視察して、すぐれた報告を行った。他にも彼女は、一九七〇年のブルゴス裁判――スペインのバスク地方の分離独立を目指す民族組織「バスク祖国と自由（ETA）」の活動家六人に死刑判決が下されて、ヨーロッパを中心に世界中に抗議が沸き上がった――を傍聴した報告書を出版し、サルトルが序文を寄せている（文末の著作リストを参照）。

一九八三年に福井美津子さんの訳で青山館から出版された『女性が自由を選ぶとき』と出会ったときの感動も忘れられない。一九七〇年代初頭の、フランスのいわゆる第二波フェミニズムでは人工妊娠中絶の合法化を求める運動が盛んであった。この運動の経緯については、本書（第四章）でも生き生きと語られているが、『女性が自由を選ぶとき』は、アリミ自身の中絶の経験、ボーヴォワールが起草した「三四三人宣言」、グループ「ショワジール」の結成、強姦されて中絶した少女マリ＝クレールの無罪を獲得したボビニ裁判（一九七二年）など、フランスの女性たちが身体の自由を求めて闘った記録である。

フランスで中絶が合法化されたのは、驚くなかれようやく一九七五年からである（しかも、最初は五年間の時限立法だった)。一九七四年の年末に成立したこの「自由意思による妊娠中絶IVGに関する法律」は、厚生大臣シモーヌ・ヴェーユの頑張りなくしては成立しえなかったかもしれないが、同時に、ヴェーユが法律制定の理由として主張することができた状況——フランス全土で何百万人もの女性たちが合法化を求めて声を上げているという状況——をつくりだしたのは、ボビニ裁判によって喚起された世論であったこともまた否定できないだろう。「ショワジール」をはじめとする女性たちの団結と支援こそが時代を動かしたのだ。

その後も、一九七八年のエクサンプロバンスでの強姦裁判(本書第三章「強姦、それは日常のファシズムだ」の一言一句が胸に重く響いてくる)、この勝訴が導いた一九八〇年の刑法改正による重罪としての強姦罪の規定、一九七八年の総選挙における「百人の女性議員を!」運動、無念にも憲法院によって無効にされたとはいえパリテ法の嚆矢ともいえる一九八二年のクオータ制(本書、第五章)……など。アリミの活動をたどることは、まさにフランスのフェミニズムの歴史をたどることでもある。晩年には、EUの女性たちのために理想の共同体を夢見て活動した。

フェミニストとしてのアリミの功績の大きさは、没後すぐに、男女平等担当大臣を中心に、

---

2 ボーヴォワール著、朝吹三吉・二宮フサ訳『決算のとき 下』、紀伊國屋書店、一九七四年、九九頁。

フランスの偉人たちを祀る霊廟パンテオンへの埋葬を求める運動が進められていることからもわかるだろう。（しかし、いまも「アルジェリアはフランスのもの Algérie française」という考えに固執する人は多く、パンテオン入りへの反対も大きい。）

アリミとの最初の出会いから半世紀、正確には五八年！ その間、彼女のことをもっと日本の女性に伝えたいと願ってきた。けれども、なかなかその機会に恵まれなかった。それどころか、現在では、右に挙げたアリミの日本語訳は二冊とも絶版状態であり、わたしの住んでいる区の図書館には入ってさえいないことを知り、愕然とした。

昨年の七月の末、アリミの訃報を知らせる『ルモンド』紙の記事で、本書の刊行が予告されているのを見て、すぐに予約した。数週間後に届いた本を読んで胸が熱くなった。不正への憤りをエネルギーとし、頑として自由を求め続けた強い女性。それでいて、その軽やかな語り口は、陽気でユーモアに富み、挿入された多くのエピソードとあいまって、まるで小説のような人生だ。こんな女性が存在したことを、どうしても日本の女性たちに知って欲しいと思った。こうして、ようやく長年の願いがかなったことは、無上の喜びである。そして、この本が読者の人生にとっても大切な出会いの一つになることを確信している。

本書の出版の機会を与えてくださった勁草書房と担当編集者の関戸詳子さんに、一入の感謝の念を伝えたいと思う次第である。

二〇二一年九月

井上たか子

ジゼル・アリミの著作

Djamila Boupacha, préface de Simone de Beauvoir, dessin original de Picasso, Gallimard, 1962 et rééditions. ジゼル・アリミ著、シモーヌ・ド・ボーヴォワール「序文」、手塚伸一訳『ジャミラよ 朝は近い――アルジェリア少女拷問の記録』、集英社、一九六三年。

Résistance Against Tyranny (en collaboration), (ed.) E. Heimler, Routledge, 1966.

Le Procès de Burgos, préface de Jean-Paul Sartre, Gallimard, «Temoins», 1971 (épuisé). サルトルによる「序文」は、鈴木道彦・海老坂武訳『シチュアシオン X』、人文書院、一九七七年に収められている。

La Cause des femmes, Grasset et Fasquelle, 1973 ; Gallimard, «Folio», 1992 et rééditions. 福井美津子訳『女性が自由を選ぶとき』、青山館、一九八三年。

Le Programme commun des femmes (en collaboration), Grasset, 1978 (épuisé).

Le Lait de l'oranger, Gallimard, 1988 ; «Folio», 1990 et rééditions.

Une embellie perdue, Gallimard, 1995.

La Nouvelle Cause des femmes, Seuil, 1997.

La Parité dans la vie politique. Rapport de la commission pour la parité entre les femmes et les hommes dans la vie politique, La Documentation française, 1999.

Fritna, Plon, 1999 ; Pocket, 2001 et rééditions.

Avocate irrespectueuse, Plon, 2002 ; Pocket, 2003 et rééditions.

L'Etrange Monsieur K., Plon, 2003.

La Kahina, Plon, 2006 ; Pocket, 2009.

Ne vous résignez jamais, Plon, 2009 ; Pocket, 2010.

Histoire d'une passion, Plon, 2011.

「ショワジール」との共著

Avortement : une loi en procès. L'affaire de Bobigny, préface de Simone de Beauvoir, Gallimard, « Idees », 1973.

Viol : le procès d'Aix-en-Provence, Gallimard, « Idées », 1978.

Choisir de donner la vie, Gallimard, « Idées », 1979.

Quel président pour les femmes ?, Gallimard, « Idées », 1981.

Fini le féminisme ?, Gallimard, « Idées », 1984.

Femmes : moitie de la terre, moitie du pouvoir, Gallimard, 1994.

Le Procès de Bobigny, avant-propos de Gisèle Halimi, Gallimard, 2006.

La Clause de l'Européenne la plus favorisée, avec « Le meilleur de l'Europe pour les femmes » par Gisèle Halimi, Editions des femmes, 2008.

著　者

Gisèle Halimi（ジゼル・アリミ）

1927年生まれ、2020年没。弁護士、第二波フェミニズムの活動家、政治家。著作に『ジャミラよ 朝は近い：アルジェリア少女拷問の記録』（シモーヌ・ド・ボーヴォワールとの共著、手塚伸一訳、集英社、1963年）、『女性が自由を選ぶとき』（福井美津子訳、青山館、1983年）など。

Annick Cojean（アニック・コジャン）

1957年生まれ。ジャーナリスト。『ル・モンド』紙特派員。著作に *Cap au Grand Nord* (Seuil, 1999), *Proies : dans le harem de Kadhafi* (Grasset, 2012), *Je ne serais pas arrivée là si…27 femmes racontent* (Grasset, 2018) など。

訳　者

井上たか子（いのうえ・たかこ）

獨協大学名誉教授。訳書にシモーヌ・ド・ボーヴォワール『決定版 第二の性』（共訳、新潮社、1997年）、同『モスクワの誤解』（人文書院、2018年）、フランソワーズ・エリチエ『男性的なもの／女性的なもの　Ⅰ、Ⅱ』（共訳、明石書店、2017年、2016年）、イレーヌ・テリー『フランスの同性婚と親子関係：ジェンダー平等と結婚・家族の変容』（共訳、明石書店、2019年）、レジャーヌ・セナック『条件なき平等』（勁草書房、2021年）、編著書に『フランス女性はなぜ結婚しないで子どもを産むのか』（勁草書房、2012年）などがある。

ゆるぎなき自由
女性弁護士ジゼル・アリミの生涯

2021年11月20日　第１版第１刷発行

著　者　ジゼル・アリミ
　　　　アニック・コジャン

訳　者　井《いの》上《うえ》たか子《こ》

発行者　井　村　寿　人

発行所　株式会社　勁《けい》草《そう》書　房

112-0005　東京都文京区水道2-1-1　振替　00150-2-175253
（編集）電話　03-3815-5277／FAX　03-3814-6968
（営業）電話　03-3814-6861／FAX　03-3814-6854
平文社・松岳社

ISBN978-4-326-65432-1　　Printed in Japan

https://www.keisoshobo.co.jp

レジャーヌ・セナック著／井上たか子訳
条件なき平等
私たちはみな同類だと想像し、同類になる勇気をもとう

経済的、社会的メリットになる限りでの平等？ そんな条件つきの平等はいらない。差異をもちつつ同類で平等だと認めていくために。フランス・フェミニズムの現在を知るための必読書。
2420円／四六判／160頁
ISBN978−4−326−65428−4 （2021．4）

井上たか子 編著
フランス女性はなぜ結婚しないで子どもを産むのか

子どもを産むために結婚する必要はない！ 人口学、憲法、ジェンダー等の専門家が日仏の家族観、結婚制度、国の支援を比較。安心して産み、育てられる環境について考える。
2640円／四六判／232頁
ISBN978−4−326−65378−2 （2012．10）

Ch．デルフィ
井上たか子・加藤康子・杉藤雅子 訳
なにが女性の主要な敵なのか
ラディカル・唯物論的分析

家事労働、家父長制イデオロギーから女性解放運動の戦略まで、刺激的な問題提起とあざやかな分析によって知られるデルフィの主著の待望の完訳。
5720円／A5判／362頁
ISBN978−4−326−60107−3 （1996．11）

棚沢直子 編
女たちのフランス思想

ボーヴォワールが起こし、デルフィが、シクスーが、イリガライが旋風となって続く。女たちが作る思想はどこまで来たか。全体の見取図。
3300円／四六判／318頁
ISBN978−4−326−65209−9 （1998．9）

工藤庸子
政治に口出しする女はお嫌いですか？
けいそうブックス
スタール夫人の言論VS．ナポレオンの独裁

女は政治に口出しするな？ 文学に政治を持ち込むな？ 会話と文章を武器にナポレオン独裁に抵抗したスタール夫人を中心に、女性たちの闘いを描く。
2640円／四六判／240頁
ISBN978−4−326−65417−8 （2018．12）

＊表示価格は二〇二一年一一月現在。消費税（一〇％）が含まれております。